Knaur

Von Douglas P. Webson ist außerdem erschienen:

Diana lebt! (Band 77370)

Originalausgabe Juni 1998

Umschlaggestaltung Agentur Zero, München
Satz MPM, Wasserburg
Druck und Bindung Elsnerdruck, Berlin
Printed in Germany
ISBN 3-426-77379-1

2 4 5 3 1

Douglas P. Webson

Sisi lebt!

Wen sie liebte, warum sie litt, wovon sie träumte – die sensationellen PSI-Protokolle

Sisis Botschaft der Liebe – einem Chanelling-Medium offenbart

Aus dem Amerikanischen von
Irene Sievers

Knaur

Inhalt

Einleitung

✧

Diese PSI-Analyse von Elisabeth, der Kaiserin von Österreich, die im Volksmund bis heute »Sisi« heißt, wäre nie zustande gekommen, wenn nicht Ende August 1997 die erschütternde Meldung vom Tod der Prinzessin Diana um die Welt gegangen wäre.
Während die aktuellen Fernsehbilder und die Presseberichterstattung über Lady Diana Spencer in den Gehirnen von Millionen – vielleicht sogar einer Milliarde – Menschen noch immer höchst lebendig sind, liegt der Tod der Gemahlin des österreichischen Kaisers Franz Josef I. bereits hundert Jahre zurück. Die historische Gestalt der Monarchin ist uns daher heute schon recht fern, obwohl uns die Märchenprinzessin und Traumkaiserin aus zahllosen Sisi-Filmen weiterhin eine trügerische Vertrautheit mit der Monarchin vorgaukelt.
Als unser Team von PSI-Akteuren, das an einem Projekt über paranormale Phänomene arbeitete, unter dem Eindruck des schockierenden Unfalls von Lady Diana in den ersten Septembertagen des Jahres 1997 die Ereignisse um die Prinzessin und Mutter eines möglichen englischen Königs erforschte, wurden zwangsläufig auch alle anderen PSI-Aspekte ihres Karmas untersucht.
Schon unmittelbar nach diesem Todesfall wurde uns die Ähnlichkeit der Schicksale von Lady Diana und Sisi von Österreich

deutlich, die im Jahr 1898 – auch sie während eines Auslandsaufenthalts – in Genf von einem italienischen Terroristen erstochen wurde. Wie sich rasch herausstellte, besteht sogar eine persönliche Verbindung zu den Spencers, bei denen Kaiserin Elisabeth seinerzeit zur Fuchsjagd weilte. So stellte sich uns zwangsläufig die Frage, ob Lady Diana Spencer einer Karmakette von Frauenschicksalen angehört – einer Kette, durch die sie auch mit der österreichischen Kaiserin Elisabeth verknüpft war.

Anfangs erschien es uns jedoch zu aufwendig, das Leben der Kaiserin von Österreich so sorgsam zu untersuchen, wie dies erforderlich ist, damit man auf keinen Fall die Details im Karma übersieht, die signalisieren, ob und welche Schicksalsverknüpfungen zwischen diesen beiden Inkarnationen bestehen könnten. Das Team hatte einen anderen Auftrag.

Erstaunlicherweise stießen die einzelnen Mitglieder der Crew bei ihren PSI-Recherchen im Zusammenhang mit Lady Diana Spencer jedoch immer wieder auf die österreichische Monarchin, von der sie außer dem Namen und der Art ihres Todes kaum etwas wußten. So kam unversehens eine Kette von Frauenschicksalen ans Tageslicht, an die vorher niemand gedacht hatte:

Todesjahr	*Opfer*	*Herkunft*	*Rang*
1997	Diana	England	Prinzessin
1898	Elisabeth	Österreich	Kaiserin
1793	Marie Antoinette	Frankreich	Kaiserin
169?	??	??	
1587	Maria Stuart	Frankreich *(in England hingerichtet)*	Königin
1431	Johanna von Orleans	Frankreich *(von Engländern in Rouen verbrannt)*	

Wie Sie an der Lücke in obiger Liste erkennen, sind unsere Recherchen zum vollen Umfang dieser weiblichen Inkarnationskette noch keineswegs abgeschlossen. Vorerst waren alle PSI-Akteure des Teams vollauf damit beschäftigt, einige Hintergründe im Leben der Elisabeth von Österreich zu durchleuchten. Hierbei haben wir jedoch spektakuläre Hinweise auf einen geheimen Frauenbund gefunden, die uns zu weiterer Erforschung anspornen.
Überraschenderweise spielten im Schicksal von zumindest drei der oben aufgelisteten Frauen – Diana, Maria Stuart und Johanna von Orleans – entweder England oder Frankreich eine besondere Rolle. Folgende Verknüpfungen zeichneten sich ab:

- **Diana** (England) erleidet einen tödlichen Unfall in Paris.
- **Maria Stuart** (Schottland), als Gemahlin von Franz II. kurzzeitig Königin von Frankreich, wird auf Befehl der englischen Königin Elisabeth I. hingerichtet, während Spanien und Frankreich dies zu verhindern versuchten.
- **Johanna von Orleans** (Frankreich) wird von den Burgundern gefangengenommen, an die in Nordfrankreich operierenden englischen Truppen ausgeliefert und von diesen auf dem Scheiterhaufen verbrannt.
- **Elisabeth** (Österreich): Auch sie wird ermordet, allerdings ohne direkten Bezug zu England oder Frankreich. Jedoch stirbt sie in der französischen Schweiz, in Genf, das in kultureller Hinsicht eigentlich zu Frankreich gehört.
- **Marie Antoinette**: Die Tochter der österreichischen Kaiserin Maria Theresia und Gemahlin des letzten französischen Königs Ludwig XVI. wird in Paris mittels Guillotine hingerichtet.

Somit haben wir es hier durchweg mit Frauen zu tun, die

- in einem Abstand von ungefähr 100 Jahren
- eines gewaltsamen Todes starben.

Sicher können Sie sich vorstellen, wie lebhaft wir diese auffällige Korrelation diskutierten. Uns war natürlich klar, daß diese Gemeinsamkeiten allein zu dürftig waren, um eine Theorie darauf zu begründen. Eine solche Hypothese wäre sicher leicht gefunden; so dachte ich gleich an einen Fluch, der eine Reihe von Frauen in einer besonderen Position schicksalhaft verknüpfen könnte. Im Mittelalter war man ja mit Verfluchungen rasch bei der Hand, und es soll damals wirkliche Spezialisten gegeben haben, die solche Verfluchungen wirkungsvoll in Szene setzten, etwa nach Art der heute bekannten Voodoo-Techniken.
Dagegen äußerte ein anderes Mitglied aus dem PSI-Team die Meinung, daß sich in dieser Kette gewaltsamer Todesfälle die Konsequenzen eines sich ständig wiederholenden politischen Ränkespiels manifestierten.
Oder wurde vor langer Zeit – auch diese Ansicht war zu hören –, möglicherweise bereits in altägyptischer Vergangenheit, durch den Konflikt zweier Seelen ein Frauenschicksal ausgelöst, das sich so lange wiederholen wird, bis die darin verwickelten Schicksalsrollen bzw. die Beteiligten durch erklärten Willensentscheid die Angelegenheit endlich bereinigen? Nach dieser Hypothese würde sich die oben angeführte Kette der Frauenschicksale bis in die tiefe Vergangenheit der Menschheitskulturen verlängern und ebenso Namen wie Lydia (Rom), Kleopatra und Nofretete (beide Ägypten) auf tragische Weise miteinander verbinden.
Um die jeweiligen Gegenspielerinnen demaskieren zu können, müßte man in allen diesen Fällen umfängliche PSI-Analysen durchführen, was jedoch einen kaum mehr zu bewältigenden Aufwand bedeuten würde. Denn neben der Erstellung der PSI-Protokolle wären ebenso auch langwierige Recherchen in den Archiven notwendig, Untersuchungen zum Hintergrund und hi-

storischen Kontext, ohne die man die Detailfunde der PSI-Spezialisten oftmals kaum einzuordnen vermag.

Auch wenn wir auf die systematische Erforschung solcher Schicksalsverknüpfungen demnach vorerst noch warten müssen, hat mich persönlich die Arbeit an den PSI-Protokollen von Lady Diana Spencer und Elisabeth von Österreich bereits sehr nachdenklich gestimmt. Denn die Annahme, daß bestimmte Akteure auf der Bühne des Schicksals immer wieder – und oftmals mit vertauschten Rollen – ein und dieselbe Szene durchspielen (müssen), ist durchaus nicht von der Hand zu weisen. Und was sich auf der öffentlichen, welthistorischen großen Bühne abspielt, wird auf den kleineren Bühnen des Familienlebens und der Partnerschicksale ohnehin mit großem Engagement immer wieder aufs neue inszeniert.

Douglas P. Webson
Colorado, im März 1998

I

PSI-Akteure, Staatsastrologen und Channeling-Medien

✧

Da möglicherweise nicht alle Leser dieses Buches mein bereits erschienenes Werk »Diana lebt!« gelesen oder noch zur Hand haben, stelle ich hier nochmals in aller Kürze die PSI-Techniken vor, die wir bei unseren Analysen eingesetzt haben. Über die historischen Hintergründe dieser »Medici-Kunst«, die in der Renaissance ihre höchste Blüte erlebte, können sich spezieller interessierte Leser mit wünschenswerter Ausführlichkeit in der Einleitung der PSI-Protokolle zum Schicksal von Lady Diana Spencer* informieren.

Was ist ein PSI-Akteur?

PSI-Akteure sind, ob männlich oder weiblich, in jedem Fall perfekte Telepathen. Sie können in den Gedanken anderer Personen lesen und verständigen sich auch untereinander telepathisch.

Neben dieser Grundfähigkeit, die in achtzig Prozent aller Fälle angeboren ist, verfügen PSI-Akteure über die Begabung, die

* Douglas P. Webson: *Diana lebt!*, München 1998.

Zeitgrenze zwischen zwei Dimensionen – zumindest für den Bereich, in dem sie sich telepathisch bewegen – aufzuheben. Auf diese Weise können sie sich in das Gedankenmuster – biophysikalisch gesehen, in den Reizstrom zwischen Seh-, Hör- oder Tastnerv – eines Individuums »einklinken« und solcherart nacherleben, was der oder die Betreffende seinerzeit gesehen oder gefühlt, gehört oder gedacht hat.
Begabte und erfahrene PSI-Akteure finden sich heute in den Klöstern des Fernen Ostens ebenso wie in islamischen Einrichtungen oder in den USA und anderswo in der westlichen Welt. Ihre Auftraggeber: Regierungen, Geheimdienste oder Großkonzerne, die auf diesem Weg beispielsweise neue Rüstungstechnologien potentieller Feinde ausspähen oder neue Industrieanlagen auf unvorhergesehene Schwachstellen testen lassen.

Genauigkeit und Qualität von PSI-Recherchen

Den Unkundigen erstaunt es immer wieder, wenn er erfährt, daß die Genauigkeit der Aussagen von PSI-Agenten zwischen sechzig und neunzig Prozent liegt. Diese Schwankungsbreite läßt sich wie folgt erklären:
Zum einen setzt man meist nicht nur einen Akteur, sondern unabhängig voneinander mehrere PSI-Experten ein, was sich allerdings aufgrund der immensen Kosten meist nur die erwähnten Regierungen, Geheimdienste und Großkonzerne leisten können. Zum anderen sollte man, um eine maximale Genauigkeit der Resultate zu erreichen, nach Möglichkeit PSI-Akteure während der Blütezeit ihres Könnens beauftragen, die sich bei Frauen zwischen dem 38. und dem 60., bei Männern zwischen dem 28. und dem 55. Lebensjahr erstreckt.
Übrigens sollten Sie es sich nicht allzu großartig vorstellen, über

solche Fähigkeiten zu verfügen. Die Schattenseiten sind wohl fast jedem PSI-Akteur nur allzu bewußt: Frauen, die mit einem zu hohen Maß an übersinnlicher Begabung ausgestattet sind oder ihre PSI-Aktivität zu intensiv ausüben, drohen regelrechter Gefühlsduselei oder sogar religiösem Fanatismus zu verfallen; männliche PSI-Akteure sind häufig als aggressive Besserwisser verschrien, unfähig, ein bürgerliches Leben zu führen, und entsprechend isoliert.

PSI-Spezialisten

Wer Menschen mit paranormalen Fähigkeiten für seine Zwecke einsetzt, kennt in der Regel die Stärken und Schwächen seiner PSI-Mitarbeiter: Meist haben diese ihre Fähigkeit oft genug praktisch unter Beweis gestellt.

So setzt man beispielsweise *technische PSI-Agenten* ein, wenn unerwartete Probleme in einer Maschine, Konstruktion oder technischen Anlage auftreten. Diese Akteure können das defekte Gerät natürlich nicht instand setzen, aber das ist auch nicht ihre Aufgabe. Vielmehr liefern sie den Technikern und Konstrukteuren Hinweise, in welcher Richtung »auch« zu denken wäre. Wenn sich also bei der Erprobung einer neuen Technologie rätselhafte technische Defekte häufen, für die man auf »normalem« Weg keine Erklärung findet, dann werden heutzutage solche Spezialisten hinzugezogen. Technische PSI-Akteure werden recht üppig honoriert – nicht selten erhalten sie 5000 US-Dollar pro Kopf und Tag –, aber das Unternehmen, das sie anheuert, spart durch Zeitgewinn meist ungleich höhere Kosten ein.

Andere PSI-Experten haben sich auf Psyche und Charakter von Menschen und deren Handlungsweisen spezialisiert. Die Fähigkeiten dieser *»PSI-Paparazzi«*, die in die Intimsphäre eines jeden

eindringen können, werden nicht selten zur Entscheidung harter Konflikte in Politik und Wirtschaft genutzt.
Um die Genauigkeit der Ergebnisse von PSI-Recherchen zu erhöhen, muß deren Auftraggeber – bzw. derjenige, bei dem schließlich alle Ergebnisse der PSI-Analyse zusammenlaufen – außerdem das Projekt oder den Problemtyp einbeziehen, an dem die einzelnen PSI-Akteure zuletzt gearbeitet haben. Das ist eine der großen Schwachstellen des PSI-Systems schlechthin, da die Spezialisierung auf diesem Gebiet meist viel zuwenig berücksichtigt wird.
In unserem Fall kann ich jedoch die individuelle Vorgeschichte der Beteiligten sehr gut überblicken. Von allen PSI-Akteuren unseres Teams liegen mir Dossiers vor, in denen ihre bisherigen Einsatzgebiete und die Stärken und Schwächen ihrer Kunst aufgelistet sind.

Was ist Staatsastrologie?

Um Gesetze und Komponenten, Geschichte und Anwendungsmöglichkeiten dieser uralten Sterndeutungskunst auch nur grob zu umreißen, müßte ich ein eigenes Buch über Staatsastrologie verfassen. Kurz gesagt, handelt es sich hierbei um eine altbewährte und hochkomplexe prognostische Erfahrungswissenschaft, die sich bereits die Herrscher früherer Zeiten – insbesondere die Medici – mit überwältigendem Erfolg zunutze machten.
Die Regeln dieser geheimen Sterndeutungskunst beherrschen heute nur noch wenige Astrologen alter Schule. Wie der Name besagt, enthüllt sie die Zukunft von Staaten und deren Lenkern, also der politischen und wirtschaftlichen Eliten, aber auch die Entwicklung mächtiger Gruppen und Tendenzen innerhalb von Staat und Gesellschaft.

Insbesondere wird sie seit alters her zur Deutung des Schicksals, aber auch des Charakters oder grundlegender Handlungsmotive von Personen aus Herrscherhäusern angewendet – also

- von Königinnen wie Elisabeth II. von England,
- von Prinzessinnen und Kronprinzen wie Lady Diana und Charles, dem Prinzen von Wales, oder
- von Kaisern und Kaiserinnen wie Franz Joseph I. und Elisabeth von Österreich.

Nach staatsastrologischer Auffassung ist das Schicksal ganzer Nationen und Völker in herausragenden Personen oder kleinen Gruppen von Herrscherpersönlichkeiten gebündelt, die in so hohem Grad ihren Staat verkörpern, daß ihr Schicksal und das ihres Landes zumindest in den entscheidenden Lebens- und Handlungsmomenten nahezu identisch sind.

Was ist Channeling?

Auch für die vorliegende Publikation haben wir zur Abrundung ein seriöses, sehr erfahrenes Medium gebeten, sich behutsam der entkörperten vormaligen Kaiserin Elisabeth zu nähern.

Wie kann man sich den Vorgang des Channelns* vorstellen? Ein »Kanal« oder Tunnel, also eine Öffnung oder Durchfahrtsmöglichkeit, führt uns von Punkt A nach Punkt B oder von einem Anfangspunkt, dem Kanaleingang, zu einem Endpunkt, dem Kanalausgang. Die PSI-Channel-Akteure benutzen also sozusagen einen Frequenzkanal als Transportweg für ihre individuelle geisti-

* »Channel« bedeutet wörtlich »Kanal«. – A. d. Ü.

ge Intelligenzeinheit – entweder, um selbst an den Punkt B zu gelangen und sich von dort weiter zu bewegen, oder aber, um Gedanken von B nach A (also zu uns zurück) zu transportieren. Da sich das alles in der Sphäre der Telepathie abspielt, handelt es sich bei diesem »Transport« um immaterielle Güter, beispielsweise um

- Erinnerungen der befragten Individualität (in unserem Fall Kaiserin Elisabeth),
- ihre gegenwärtigen Gefühle und/oder Gedanken,
- Einzelheiten ihres früher angeeigneten oder neu hinzugekommenen Wissens.

Um Mißverständnisse auszuschließen, sei auch hier wieder betont, daß stets nur das kommuniziert werden kann, was der Telepathiepartner in diesem Moment preisgeben will. Zwang auszuüben ist nicht möglich!

Das Verrätertor

Punkt B trägt unter Eingeweihten auch den Namen »Verrätertor«. Die Erklärung für diese Bezeichnung ist so einfach wie einleuchtend: Den »Kanal« können nur diejenigen bewußt benutzen, die von der Existenz des Punktes B tatsächlich überzeugt sind. Alle anderen – die »Verräter« – bleiben auf der Strecke; Punkt B ist für sie ein unüberwindlich verriegeltes Tor.
Vivienne Berry, eine bedeutende Lehrerin in der Kunst des Channeling, schreibt in ihrem Buch »Ein Kurs im Channeln«: Alle Personen, die channeln und von ihr befragt wurden, nannten als wichtigste Voraussetzung dieser Kunst, daß man die Existenz Gottes und der geistigen Welt als Realität ansehen müsse. Channeln hat sehr viel mit Gefühl, Glauben und Seelenkunde zu tun.

Und für das Medium, das die Botschaften empfängt, gilt in aller Strenge: Das Ego muß schweigen und darf die empfangenen telepathischen Nachrichten nicht verfälschen sowie – besonders wichtig – nicht bewerten.

Die Kunst des Channelns

Durch Channeln wird also ein geistiger Kanal geöffnet, damit man durch diese Schleuse telepathische Nachrichten empfangen kann. Nach Ken Carey (in seinem Buch »Sternenbotschaft 2«) und anderen Kennern lassen sich verschiedene Möglichkeiten unterscheiden:

- Das Medium empfängt Nachrichten in Form von Bildern und Szenen;
- Worte und Sätze formen sich zu einer Nachricht;
- im Bewußtsein des Channel-Mediums manifestiert sich ein klares Wissen um den Inhalt der Botschaft, die es sodann in eigenen Worten ausdrückt (was die Gefahr fehlerhafter Verbalisierung heraufbeschwört);
- die Technik der alten Spiritisten: Die gechannelte Individualität spricht direkt durch das in Trance befindliche Medium (das diesem Verfahren jedoch ausdrücklich zustimmen muß).

Bei den meisten Menschen beginnt Channeling mit Ahnungen. Hatten Sie nicht auch schon einmal gewisse Vorahnungen, die sich nachher bestätigten? Damals beispielsweise, als Sie die Tür öffneten und vorher schon *wußten*, wer vor Ihnen stehen würde? Wenn Sie also das nächste Mal sagen oder denken: »Ich habe da so eine Ahnung« – dann könnte es auch bei Ihnen begonnen haben ...

Wie diese PSI-Protokolle zustande kamen

1. Schritt

Da das Team, anders als bei der Recherche zu Lady Diana Spencer, so gut wie keine Kenntnisse von Sisis Leben hatte, bat ich eine in New Mexico lebende Wienerin um einen ausführlichen Abriß des Lebens der einstigen Kaiserin. Diese Informationen sind einschlägiger Literatur* entnommen, die nach dem Tod von Sisi veröffentlicht wurde – mehr oder weniger bearbeiteten (meist geschönten) Tagebuchnotizen von Hofdamen und anderen Quellen aus ihrer Umgebung. Wir müssen also davon ausgehen, daß alle diese Offenbarungen über Sisi auf der Linie des Wiener Hofs lagen, dessen stille Macht zum Zeitpunkt der Veröffentlichungen noch gefürchtet war.

2. Schritt

Es wurden mehrere getrennte Sitzungen mit zwei PSI-Akteuren und eine Sitzung mit dem Astrologen durchgeführt, der auch bereits im Fall Lady Diana Spencer mitgewirkt hat – einem der heute raren Kenner der alten Kunst der Staatsastrologie. In der ersten Sitzung waren den PSI-Akteuren die Stichworte zum Leben von Sisi nicht bekannt.

3. Schritt

Die Tonbandprotokolle der jeweils ersten Sitzung wurden miteinander verglichen und auf gemeinsame Auffälligkeiten und Über-

* insbesondere das Werk von E. Corti: *Elisabeth.* Nach dem schriftlichen Nachlaß der Kaiserin, den Tagebüchern ihrer Tochter und sonstigen unveröffentlichten Tagebüchern und Dokumenten. Graz, 42. Aufl. 1994

einstimmungen geprüft. Auf dieser Grundlage erstellte ich dann einen Fragenkatalog.

4. Schritt

In der zweiten Sitzung wurde der Fragenkatalog bearbeitet, so daß die PSI-Akteure erstmals von Details der Kollegen erfuhren und selbst nacharbeiten – im Jargon »nachsehen« – konnten. Auch die Astroanalyse wurde nun herangezogen.

5. Schritt

Es folgte eine weitere Zusammenfassung der so ermittelten Auffälligkeiten, die einer letzten Prüfung unterzogen wurden, diesmal im Hinblick auf möglicherweise übersehene Details. Die Stichworte aus dem Lebensabriß ergänzten im Zweifelsfall die Arbeit am Detail. Der Astrologe bekam die Stichworte zum Leben von Sisi jedoch nicht zu Gesicht.

6. Schritt

Das Channel-Medium wurde von mir vorher anhand der Stichworte zum Leben von Sisi gebrieft, damit es die Ergebnisse seiner Arbeit selbst kontrollieren konnte. Das Medium reichte uns diese Resultate wiederum schriftlich ein, weil die Botschaften in den Nachtstunden zwischen drei und fünf Uhr übermittelt wurden. Im Fall von Sisi waren drei Sitzungen erforderlich, da sie sich in einer Phase der Kommunikationsbereitschaft befindet, die bei Lady Diana Spencer erst in einigen Jahren erreicht sein wird.

Diese Kommunikationsbereitschaft ist – erfahrungsgemäß und so auch hier – motiviert durch Versuche der betreffenden Individualität, einige im Leben getroffene Entscheidungen zu korrigieren oder zu rechtfertigen und nachträglich noch die materielle Welt

zu beeinflussen und zu verändern. Daher waren längere Passagen für die Verwertung in dieser PSI-Analyse nicht geeignet. Natürlich sollen auch die Channeling-Durchgaben der Sache, also unserer PSI-Analyse, dienen und nicht umgekehrt diese für Missionierungsbestrebungen instrumentalisiert werden.
(Ich bitte meine Leserinnen und Leser, mir diese Bemerkung nachzusehen. Sie soll jenen, die es angeht, signalisieren, daß ich mich als Moderator der Sitzungen sowohl im Fall Lady Diana Spencer als auch in dem der Kaiserin Elisabeth – »Sisi« – von Österreich bemüht habe, »Fopp-Botschaften« auszuschließen.)

7. Schritt

Wie sich rasch herausstellte, wird Sisi aufgrund ihrer Popularität von einem Troß »heimatloser Seelen« belagert, gegen die sie sich nur mit Mühe behaupten kann. Auch das gehört zu den weniger angenehmen Nebenwirkungen einer großen Popularität. (Bei uns in den USA wird – sicherlich unbeabsichtigt – zur Zeit eine ähnliche Fegefeuersituation für Elvis Presley aufgebaut.)
Eine Gruppe in Los Angeles, die mittels spiritistischer Séancen forscht, hat daher in meinem Auftrag die bei der PSI-Analyse aufgefallenen Probleme von Sisi mittels »Geisterbeschwörern« nachgearbeitet. Das Ergebnis habe ich zusammengefaßt.* Mir erscheint dieser Punkt wichtig, auch im Hinblick auf Lady Diana Spencer, der wohl eine ähnlich problematische Zeit bevorsteht.

Anders als im Buch über Lady Diana Spencer habe ich den einzelnen PSI-Protokollen, nach Zeitabschnitten gegliedert, die erwähnten Stichworte zum Leben von Sisi vorangestellt, damit

* Siehe Kapitel XVI.

meinen Lesern alle Informationen sortiert und komprimiert zur Verfügung stehen.
Während der Arbeit an meinem Buch über Lady Diana hatte ich ursprünglich geplant, die Ergebnisse der PSI-Analyse in sachlicher Zusammenfassung – ähnlich einem Gutachten – wiederzugeben. Dann zeigte sich jedoch, daß die entscheidenden Sequenzen der Wortprotokolle ungemein spannend zu lesen sind, weshalb ich beschloß, diese »dramatische« Form des Dialogs beizubehalten. Da sie Ihnen zugleich ein lebendiges Bild von unserer Arbeitsweise vermittelt, habe ich diese Form auch bei den vorliegenden PSI-Protokollen gewählt.*

Ihre Aufgabe als Leser des PSI-Protokolls

Bitte stellen Sie sich bei Lektüre der PSI-Protokolle jeweils folgendes vor: Sie sind der mächtige Regent eines europäischen Landes und haben nun Ihrem Botschafter oder Ihrem Geheimdienst Anweisungen zu geben, wie sich diese am Wiener Hof oder dort, wo sich die Gemahlin des österreichischen Kaisers Franz Josef I. gerade aufhält, zu verhalten haben. Auf diese Weise wollen Sie die politischen Akteure in Ihrem Interesse lenken und gegebenenfalls auch die Weichen für Intrigen in Ihrem Sinn stellen.

✧ Welche Amüsements arrangieren Sie für Kaiserin Sisi?
✧ Welche Geschenke lassen Sie überreichen?
✧ Womit gewinnen Sie das Vertrauen der Monarchin?

* Im gesamten Buch werden Aussagen des Astrologen oder der PSI-Akteure kursiv, Anmerkungen des Moderators (D. P. Webson) in Grundschrift wiedergegeben. – Anm. d. Red.

Heute, hundert Jahre nach dem Tod von Sisi, scheint dies nur noch ein »Trockenkurs« zu sein, vergleichbar den Übungen im Flugsimulator, welchen sich die Piloten unterziehen müssen. Jedoch darf ich meinen Lesern versichern, daß auch heutzutage noch in Chefetagen von Großkonzernen, weltweit organisierten, mehr oder minder geheim operierenden Clubs und in manchem Land der Erde Ermittlungen mittels PSI-Akteuren und außersinnlichen Techniken laufen, die den Betreffenden zusätzliche Erkenntnisse und Entscheidungshilfen zur Verfügung stellen.

II

Sisis Geburt und Elternhaus

✧

Stichworte zu diesem Lebensabschnitt

Elisabeth Amalie Eugenie, am 24. Dezember 1837 in München als Prinzessin in Bayern* geboren, starb am 9. September 1898 als Gemahlin des österreichischen Kaisers Franz Josef I. an den Folgen eines Attentats in Genf (Schweiz).
Beide Elternteile waren Wittelsbacher! Das Haus Wittelsbach herrschte zu diesem Zeitpunkt seit mehr als 700 Jahren in Bayern, wo es Herzöge, Kurfürsten und schließlich Könige stellte. Das Blut der Wittelsbacher war somit »tief dunkelblau«, wie man im Hinblick auf adelige Stammbäume zu sagen pflegte.
Dieses Wittelsbacher-Blut hatte jedoch einen Makel, der auch im Schicksal der »Märchenprinzessin« Sisi eine gewisse Rolle spielen sollte: Nachdem die Wittelsbacher seit vielen Generationen immer wieder untereinander geheiratet hatten, waren sie – behutsam gesprochen – zu »einer Rasse für sich« geworden: zu einer Familie von Individualisten, deren Originalität

* Im alten Europa gab es subtile Differenzierungen innerhalb der Titel des Hochadels. So war eine »Prinzessin in Bayern« ohne königliche Eltern und ohne Hoffnung auf eigene Regentschaft in ihrem Heimatland. Dagegen signalisierte der Titel »Prinzessin von Bayern«, daß der Vater der Betreffenden den Thron innehatte.

sich auf dem schmalen Grat zwischen Genie und Wahnsinn bewegte.
Manche Wittelsbacher zeigten unleugbar geniale Züge; andere galten zu Recht als verschroben. Im Falle Sisis führen Kenner zumindest ihre gelben Zähne, unter denen sie zeitlebens litt, auf die hochadelige Inzucht zurück. Andere gingen weiter und brachten auch ihre zeitweise massiven Nervenprobleme, hysterischen Zustände und Panikattacken mit dem »Wittelsbacher-Phänomen« in Zusammenhang.

Der Vater

Auf Max Joseph, Herzog in Bayern, aus der Linie Wittelsbach-Birkenfeld-Gelnhausen*, sind die meisten Autoren, die sich bislang mit dem Fall Sisi befaßt haben, außerordentlich schlecht zu sprechen. Gemeinhin gilt er als Exzentriker mit fast schon pathologischem Mangel an Verantwortungsbewußtsein, der aber gleichwohl in dem Ruf stand, äußerst liebenswürdig zu sein.
Finanziell unabhängig, konnte sich Herzog Max Joseph sein Leben lang der Kunst, den Reisen – unter anderem weilte er in Ägypten – und dem Sport widmen. Zeitgenossen rühmen immerhin den Kunstreiter und Zitherspieler, wenn auch sonst keines seiner Talente sonderlichen Eindruck hervorzurufen schien. Seine Reiselust aber scheint er Tochter Sisi vererbt zu haben, wie wir noch sehen werden.

* Eine Nebenlinie der Wittelsbacher (wobei schon eine solche Bemerkung seinerzeit als heikle Wertung galt).

Astroanalyse der Verbindung zwischen Vater und Sisi

Saturn-Uranus durch Mondknoten und alle Aspekte zeigen:

- *Anknüpfungen,*
- *sich in der Gemeinschaft nicht einordnen.*

Sie ließ sich nicht einordnen:

- *herausforderndes Verhalten,*
- *gemeinsamer Widerstand,*
- *Trennung.*

Sie wehrte sich gegen Bevormundung und Freiheitsbeschränkung:

- *Beunruhigung durch Umwelt, durch Streit,*
- *Eingriff in das Schicksal.*

Der letztere Punkt spielt auch in den Mord mit hinein.

Die Mutter

Ludovika wurde als siebte Tochter von Maximilian Joseph, dem ersten König von Bayern, geboren. Zum Ausgleich dafür, daß Ludovika nicht mit einem regierenden Fürsten vermählt worden war, verlieh ihr Vater ihrem Gatten und ihren Nachkommen den Titel »Königliche Hoheit«.
Ein bezeichnendes Licht auf das Elternhaus, in dem Sisi aufwachsen sollte, wirft wohl diese verbürgte Anekdote: In der Hochzeitsnacht sperrte Ludovika ihren jungen Ehemann kurzerhand in den

Wandschrank ein. Woraus wir schließen dürfen, daß sie von ihrem Bräutigam nicht eben begeistert war.

Als Ludovika im Frühjahr 1828 mit Max Joseph vermählt wurde, war sie kaum zwanzig Jahre alt und in der Tat sehr verbittert darüber, daß sie als einzige der Töchter Maximilians keinen königlichen Prinzen zum Mann erhalten hatte. Das empfand sie offenbar als krasse Zurücksetzung gegenüber den Töchtern, die Maximilians zweite Frau, Karoline von Baden, geboren hatte: Elisabeth war Königin von Preußen, Maria Königin von Sachsen, während Sophia, die schönste und ehrgeizigste dieses Trios, mit Erzherzog Franz Karl, dem österreichischen Thronfolger, verheiratet worden war. Auf nahezu allen deutschen Thronen saßen somit Prinzessinnen aus dem Hause Wittelsbach. Ludovika aber mußte als bloße »Herzogin in Bayern« gedemütigt in München bleiben.

Offenkundig wurde die Ehe jedoch katholisch korrekt gelebt: Neun Kinder kamen zur Welt, das jüngste 1849, das älteste im Jahr 1831 – also immerhin erst drei Jahre nach der Eheschließung, was damaligen Insidern sicherlich zu denken gab.

Über die Nachkommen aus dieser Ehe berichten die einschlägigen Quellen: »Die Kinder aus dieser Verbindung waren in doppelter Hinsicht Wittelsbacher, sowohl die guten als auch die schlechten Gaben wurden verstärkt« – und zwar dergestalt, daß sie alle »launenhaft und überempfindlich ... verschlossen und nachdenklich« waren oder sich gar »wie verschreckte Tiere zurückzogen, sobald sie einen Fremden sahen, nicht selten unerklärliche Zornausbrüche hatten oder Weinkrämpfe bekamen ... Dann wieder waren sie fröhlich und unbeschwert.«

Fragt man heute einen Kinderpsychologen, was er von Kindern mit solchen Reaktionsmustern hält, so erhält man spontan die Antwort: »Die Symptome deuten auf seelische und/oder körperliche Grausamkeit der Erzieher ...«

Im 19. Jahrhundert dagegen interpretierte man diese Symptome als Anzeichen von Geisteskrankheiten oder geistigen Defekten – und gab dem Vater die Schuld, der ohnehin als »Hallodri« verschrien war:

»Was konnte man aber auch von Kindern erwarten, deren Vater nicht einmal den Versuch machte, sie in Zucht zu halten. Der lieber mit ihnen Obstbäume in Nachbargärten plünderte, ihnen wie Zigeunerkindern das Reiten ohne Sattel beibrachte oder sie im Winter zu Schneeballschlachten in den Straßen Münchens anstiftete.«

Der Widerspruch sticht ins Auge: Offenkundig war nicht der Vater der Bösewicht, unter dessen Fuchtel die Kinder litten. Oder wie paßt es zum Klischeebild des grausamen Vaters, daß dieser mit den Kindern »Schneeballschlachten« veranstaltet und seinerseits kindlich herumtollt?

Also war es eher die unzufriedene, verbitterte Mutter, die das Elternhaus verdüsterte?

Um diese und andere Fragen zu klären, ließ ich diesen ersten Abschnitt im Leben Sisis von den PSI-Akteuren untersuchen. Weder sie noch der Astrologe kannten die biographischen Stichworte, die ich voranstehend wiedergegeben habe.

Astroanalyse von Sisis Geburtshoroskop

Zur Person

Elisabeth, Gemahlin des österreichischen Kaisers Franz Joseph I., geboren am 24. 12. 1837 um 21.57 Uhr in München (Bayern), unter dem Namen »Sisi« bis heute weltberühmt.

Ein kritisch-analytischer Charakter

Sisi ist/war eine kritisch-analytische, schwer steuerbare Persönlichkeit. Der Aszendent Jungfrau/Mondknoten und Venus zeigt an, daß dieses Kritisch-Analytische das Grundthema des Charakters von Sisi war. Diese Auffälligkeit zeigt sich bei den unter diesem Aspekt Geborenen im Zeichen Steinbock mit zunehmendem Alter und insbesondere nach dem Klimakterium. Es sind Personen, die im mittleren Lebensabschnitt durch eine »spitze Zunge« in der Regel viele Freunde verprellen und sich im Alter dadurch Feinde schaffen.
Was für Normalsterbliche gilt, muß man jedoch bei einem Souverän oder der Gattin eines Souveräns anders interpretieren. Als Ehefrau des österreichischen Kaisers saß sie auf der »richtigen« Seite des Tisches. Als Steinbock hätte sie es aber vorgezogen, erhobenen Hauptes auf der höchsten Felsspitze zu stehen – also ihrerseits den Kaiserthron einzunehmen. Da ihr dies verwehrt war, traktierte sie ihre Umgebung mit kritisch-analytischen Anmerkungen, man kann auch sagen, mit bissigen und gehässigen Worten oder Gesten, welche die Menschen in ihrer Umgebung wegstecken, mit in der Tasche geballter Faust hinnehmen mußten.

Dieses Leitmotiv*, wie die Wagnerianer sagen, zieht sich tatsächlich durch ihr ganzes Leben. Das wird insbesondere von der Haushofmeisterin bezeugt. Ihr Troß, mit dem sie in den letzten Jahren ihres Lebens von Land zu Land zog, soll aus bissigen alten Jungfern – den Hofdamen – und streitsüchtigen alten Männern – Dienern und Beamten – bestanden haben, wie es heißt.

Betrachten wir die Ehefrau und Mutter, sieht dieser Aspekt wieder ganz anders aus. Mann und Kinder haben unter ihrem kritisch-analy-

* Im Original deutsch, A. d. Ü.

tischen Geist zu leiden. Daher sind diese Vorgaben im Geburtshoroskop in der Regel ein Indiz dafür, daß die Horoskopeignerin im Alter

- *vom Gatten getrennt lebt,*
- *von den Kindern gemieden wird und*
- *meist auch vereinsamt.*

Diese Entwicklung wird aber von dem Betreffenden meist nicht als Strafe oder Schicksalsprüfung aufgefaßt, sondern nicht selten sogar gesucht: Märtyrertum ...

Die einschlägigen Fakten geben Ihnen wiederum recht. Im Leben zeigte sich tatsächlich die Neigung der jungen Kaiserin, Ehemann, Kinder und sonstige nahe Angehörige vor den Kopf zu stoßen und sich gleichzeitig in ein Leidensszenario zu flüchten.

Weitere charakterliche Merkmale in Sisis Horoskop, die ab ihrem 14. *Lebensjahr zum Tragen kommen, sind die folgenden:*

- *Sie entwickelt ein ausgeprägtes Geltungsbedürfnis.*
- *Sie wird putzsüchtig und eitel.*

Diese Tendenz entwickelt sich zunehmend durch die Bewegung der Planeten. In Kombination mit den Häusern ihres Horoskops und den Aspekten kann man sagen, daß diese Charaktereigenschaften ihr gesamtes Leben bestimmen werden.
Es ist keine leichte Aufgabe, die das Schicksal ihr in die Wiege gelegt hat. Bedingt durch die Geburt in den Nachtstunden, stehen die meisten ihrer Planeten »unter dem Horizont«, was bedeutet: Sie hat eigentlich kein ideales Talent für ein Leben in der Öffentlichkeit.
Ihre Sonne scheint für sie persönlich im Horoskop nicht unbedingt für

eine Selbstdarstellung in der Öffentlichkeit, sondern – durch den Neptun – für Verwirklichung im Bereich Krankenpflege und vor allem für Verinnerlichung im seelischen Bereich bis hin zum Okkultismus. Weiß man hinsichtlich okkulter Begabung irgend etwas über sie?

Ich nehme das in die Liste der Fragen an die PSI-Akteure auf.

PSI-Analyse der angeblichen okkulten Begabung Sisis

- *Auf die Frage nach Anzeichen einer okkulten Begabung Sisis antworteten alle PSI-Akteure mit Nein.*
- *Einzige Ausnahme: eine Phase zwischen sieben und neun Jahren, in der Sisi »natursichtig« war, also in Blumen, Schmetterlingen oder Käfern Wesenheiten sah und in Gedanken mit ihnen kommunizierte. Das ist jedoch nicht ungewöhnlich, sondern kommt bei dreißig Prozent aller Kinder dieses Alters vor.*
- *Daß Sisi über prophetische Gaben verfügt und etwa den Untergang der Monarchie in »roten Fahnen« vorausgesehen habe, ist ein Gerücht ohne Grundlage: Sie hatte zeitlebens keine Visionen.*
- *Tatsächlich gab es aber in ihrem Innersten eine Veranlagung zur Betreuung von Kranken – interessanterweise jedoch von Kranken mit Knochenverletzungen. Dagegen entsprang ihr angebliches Interesse für Irrenhäuser und Geisteskranke einer Steuerung von außen: Das war eher eine höfische Heimtücke, ersonnen, damit die mißliebige Monarchin unauffällig von Fachleuten untersucht werden konnte.*

Putzsucht und Eitelkeit

Auf der einen Seite kann man also aus Sisis Horoskop herauslesen, daß sie für ein »Leben in der Öffentlichkeit« nicht talentiert war. Auf der anderen Seite aber hatte sie diesen Drang, dieses Geltungsbewußtsein. Gewöhnliche Sterbliche mit einer solchen Kombination von Aspekten im Horoskop finden heute etwa als Gründer und/oder Präsidenten von Vereinen oder Clubs ein Ventil für ihren Trieb, im Mittelpunkt zu stehen; hierzu zählen auch Moderatoren oder Schauspieler(innen) aus sogenannter »Berufung« oder manche Models. Im Mittelalter hätte Sisi als Gründerin eines Ordens oder eines Klosters auftreten können. Bei solchen Konstellationen handelt es sich im weiblichen Horoskop oft auch um die notorisch »schönen Frauen«, die nichts anderes tun, als an der Seite eines alten, mächtigen Mannes zu glänzen. Wir haben dies bei Jackie Onassis gesehen, um ein Beispiel aus der heutigen Zeit anzuführen.

Der Club muß also als Kulisse für den Auftritt der Betreffenden dienen, oder die Filmgesellschaft muß die Schauspielerin puschen, damit sie populär wird, oder der Milliardär muß die Bühne für den Auftritt bezahlen: Putzsucht ...

Diese Putzaspekte würde ich bei einer schönen, reichen Frau aber nicht negativ sehen. Als Kaiserin Elisabeth von Österreich konnte sie diesen Aspekt für sich verwirklichen. Sie konnte viel Geld für Kleider, ihr Aussehen und die Ausgestaltung ihrer Umgebung ausgeben.

Dagegen wäre dieser Aspekt für – sagen wir – die Frau eines Landjunkers, der als Baron gelegentlich am Hofe des Hochadels tanzen darf, geradezu eine Schicksalsprüfung gewesen: nur selten große Auftritte, und außerdem sind die Geldmittel viel zu knapp. So etwas kann eine Familie mit dürftigeren Pfründen in finanzielle Bedrängnis führen.

Daneben haben wir noch den deutlichen Hinweis auf Eitelkeit. Das ist ein sehr persönliches Element in einem Horoskop. Hat der Horoskop-

eigner einen häßlichen, mißgestalteten Körper, dann ist Eitelkeit für ihn eine Schicksalsprüfung – und zwar ein Leben lang. Im Fall der Kaiserin Elisabeth von Österreich können wir das jedoch ausschließen, denn das Bild von ihr, das Sie mir vorgelegt haben, zeigt eine attraktive, anmutige Frau mit schönen langen Haaren.

Wie es heißt, soll sie zeitlebens unter ihren – genetisch bedingt – gelben Zähnen gelitten haben.

Das wäre etwas, das in die Kategorie »mißgestalteter Körper« fallen könnte. Für die meisten von uns wäre es ein eher lächerlich geringfügiger Makel, für eine junge Kaiserin aber ein schweres Schicksal – zumal in einer Zeit, in der die Schönheitsindustrie noch in den Kinderschuhen steckte.

In Kombination mit anderen Aspekten zum Aszendenten und zur Venus läßt sich sagen, daß sie ihre ganze Eitelkeit auf den Kopf und auf Hüften und Oberschenkel konzentriert hat. »Auf den Kopf« will sagen: auf den Teint, die Schönheit des Hauptes, und wenn man sich die Bilder von ihr ansieht, erkennt man, daß der Maler sehr viel Sorgfalt auf die Darstellung ihres Haars verwendet hat.

In der heutigen Zeit würde ich einer solchen jüngeren Frau nichts weiter zu dem Thema sagen. Einer älteren Horoskopinhaberin, also einer reifen Frau, würde ich raten, sie solle doch einmal überlegen, ob sie nicht zu oft zum Schönheitschirurgen geht.

Fähigkeiten und Talente

Um das astrologische Bild ihres Grundhoroskops abzurunden: Wie steht es mit den Fähigkeiten und besonderen Talenten dieser Frau, vielleicht auch unter der Annahme, daß sie nicht Kaiserin geworden wäre?

Venus–Pluto zur Sonne:

- *starke Gestaltungskraft,*
- *ungewöhnlicher Formen- und Schönheitssinn.*

Hätte diese Frau nicht vor hundertfünfzig Jahren, sondern in der heutigen Zeit gelebt, wäre sie, sofern ihr Umfeld bei ihrer Geburt halbwegs gestimmt hätte, eine Stardesignerin oder eine begehrte Innenarchitektin z. B. in Hollywood geworden. Die Frau muß einiges drauf gehabt haben, was den Sinn für Form und Farbe anging. Die hätte Stoffe, Tapeten genauso entwickeln können wie Möbelformen.

III

Kindheit einer Prinzessin

✧

Stichworte zu diesem Lebensabschnitt

Sisi war das dritte von neun Kindern. Sie wuchs in völliger Freiheit und ohne die sonst übliche Erziehung einer Prinzessin in München (Hauptstadt von Bayern) und Possenhofen (am Starnberger See in Bayern) auf.

Nach den einschlägigen zuckersüßen Berichten über diesen Lebensabschnitt führten die Kinder angeblich ein unbekümmertes Leben.* Gouvernanten und Erzieher hatten Mühe, sie zu bändigen und zum Lernen anzuhalten. Elisabeth konnte noch weniger stillhalten, ließ sich noch leichter ablenken als ihre Geschwister. Wie ihre Erzieherin, Baronin Wulfen, berichtet, habe es Zeiten gegeben, da man sie buchstäblich an den Stuhl binden mußte. Aber sie war um so vieles freundlicher und liebenswürdiger als ihre mürrische, herrische ältere Schwester,** daß man ihr ihre Unartigkeiten leichter nachsah. Im Kindesalter versprach indessen nicht sie, sondern ihre Schwester Helene eine Schönheit zu

* Dies deckt sich nicht mit den oben zitierten Berichten über das Verhalten der Kinder. Auch unsere PSI-Analyse (s. u.) ergab den Verdacht auf Kindesmißhandlungen.

** Ähnelte die Schwester charakterlich der Mutter? Eine Frage, die wir in der PSI-Analyse klären wollten.

werden, während Elisabeth ein rundes Gesicht »wie ein Bauernmädchen« hatte.

Am wohlsten fühlte sie sich in Possenhofen, auf dem Lande bei ihren Ponys, Meerschweinchen und Kaninchen; aber auch in München gab es herrliche Erlebnisse – etwa, wenn sie mit ihrem Vater in die Reitbahn gehen durfte, um die Hohe Schule zu erlernen. Nachdem sie zu seiner Zufriedenheit geritten hatte, soll der Vater ihr eines Tages im Vertrauen erklärt haben: »Wann wir net Prinz'n wär'n, wär'n wir Kunstreiter wor'n.« Diese Bemerkung, die sie mit großem Stolz erfüllte, soll Sisi zeitlebens nicht vergessen haben.

Astroanalyse der Kindheitsjahre

Konzentrieren wir uns zuerst auf die Frage nach ihrer Kindheit und somit auf die schicksalhafte Verknüpfung mit den Eltern. Mich würde jetzt interessieren, ob Sie aus Sisis Horoskop einen karmischen Einfluß seitens ihrer Mutter ablesen können. Gibt es von Anfang an Hinweise, daß sie durch ihre Mutter in einen Schicksalsstrudel gerät?

Ich weiß nicht, worauf Sie mit dieser Frage hinauswollen, aber ich erkenne, daß Sisi durch ihre Mutter nicht nur karmisch beeinflußt wurde.

Vielmehr wurde Sisi durch ihre eigene Mutter stark gehemmt.

Mond-Saturn-Konjunktion: Der Mond steht hier für ihre Mutter, in Konjunktion mit Saturn bedeutet das nichts Gutes von seiten der Mutter – die Mutter hat sehr hemmend auf sie eingewirkt.

Die Mutter ist ihr Schicksal in diesem Leben. Die Mutter ist verantwortlich für

- *die Einengung der Tochter,*
- *Minderwertigkeitsgefühle,*
- *Angst vor Bloßstellung.*

Oh, was ist denn da in der Jugend der Sisi und mit ihrer Erziehung gelaufen? Das Kind kann einem ja bei einer solchen Mutter nur leid tun. Da müssen Zwänge geherrscht haben, die wir heute in die Nähe von körperlicher oder psychischer Kindesmißhandlung rücken und vor Gericht bringen würden!
Wenn ich einen solchen Aspekt vor mir habe, vor allem noch unter Berücksichtigung dieser weiteren Horoskopdetails, dann werde ich gegenüber einem Klienten, der vor mir sitzt, meist etwas einsilbig. Hat er selbst so etwas erlitten, dann will er meist nicht darüber sprechen oder ist schon beim Psychiater. Wenn nicht, würde ich ihm raten, seine Probleme gemeinsam mit einem Fachmann zu lösen. Hat er dagegen so etwas verursacht, dann möchte er nicht von anderen durchschaut werden – also schweige ich.
Lassen Sie das mal durch die PSI-Kollegen untersuchen. Die sollen mal nach harter bis grausamer (wobei dies relativ ist) Bestrafung wegen Nichtigkeiten suchen, nach Beschimpfungen oder Verletzung der Persönlichkeit durch abfällige Äußerungen vor anderen Menschen. Und vor allem sollen sie untersuchen, ob Sisi als Mädchen mehrfach in entwürdigender Weise verdroschen worden ist. Das würde mich sehr interessieren, weil das hier für ihre Jugend steht.

Daß da irgend etwas zwischen Mutter und Tochter schiefging, erkennt man daran, daß nur ihr Mann, der Kaiser und Schwiegersohn, zur Beisetzung nach München gefahren ist, als ihre Mutter Jahre später starb, während Tochter Sisi sich der Pflicht entzog und nach Korfu abreiste.

PSI-Analyse der Beziehung Mutter–Tochter

Was kann man zum Verhältnis Mutter–Tochter sehen?

Ich habe mich in die Sisi versetzt und will wissen, wie sie die Mutter sieht.
Ich sehe jetzt die Mutter: Sie steht in einem Haus, wahrscheinlich das Haus, in dem die Familie wohnt, und sie steht in einem Treppenhaus im ersten Stock und schimpft hinunter.
Das Bild von der Mutter, das Sisi auch später in ihrem Herzen – oder sollen wir sagen: Unterbewußtsein – trägt, ist das einer schimpfenden Mutter.

Jetzt will ich noch wissen, wie sich Sisi innerhalb der Familie gesehen hat.

Ich sehe zwei große Sitzgelegenheiten. Die stehen sich in einem Raum gegenüber. Sofas, würde ich sagen. Auf der einen Seite sitzt die Mutter mit zwei Schwestern, auf dem anderen Sofa sitzen der Vater, zwei Brüder und Sisi. Sie sitzt auf der dritten Position, vom Vater aus gesehen.
Mehr scheint nicht drin zu sein. Zumindest ich komme da nicht weiter rein.

Die astrologischen Aspekte für Sisis erste sieben Lebensjahre

Zu Kindheit und Jugend von Sisi kann ich zusammenfassen: Die Mutter ist oder war ihr Schicksal. Durch die vermuteten seelischen Mißhandlungen ist ihr Gefühlsleben krankhaft gestört worden.

Die astrologischen Auslöser weisen den Deuter auf die Schwerpunkte hin: Sie führen zu

- *Minderwertigkeitsgefühlen,*
- *Stimmungsschwankungen,*
- *Melancholie;*

ebenso zu Reaktionen, um diese Probleme vor sich und anderen zu vertuschen:

- *Einengung des Beurteilungsvermögens,*
- *Eigensinn,*
- *Mißtrauen.*

Lehrbuchmäßig würde der Astrologe sagen: Die Erlebnisse in der Kindheit werden zu einer gehemmten, alleinstehenden, traurigen Frau führen.

Mich würde nun interessieren, ob diese Erziehung von beiden Elternteilen ausging – wie war die Beziehung zum Vater?

Was den Vater angeht, haben wir da den Saturn-Uranus, durch den Mondknoten-Aspekt verbunden. Bezogen auf Sisi bedeutet das erst einmal:

- *Anknüpfungen*

– durch gemeinsame Interessen innerhalb einer Familie, Gemeinschaft, Firma, politischen Partei. Aber bei Sisi hat das diesen Aspekt:

- *sich in der Gemeinschaft nicht einordnen,*
- *Umstürzlerisches tun oder denken,*
- *in Bewegung sein.*

Es gibt eine Krankheit bei Kindern, das sogenannte Zappelphilipp-Syndrom, wenn Kinder sich hyperaktiv zeigen. Der Aspekt in Horoskopen solcher Kinder findet sich auch bei Sisi.
Vergleichen wir die Horoskope von Tochter und Vater im Hinblick auf das Verhältnis der beiden. Die Gemeinschaft, in der sich beide nicht einordnen wollen, ist die Familie. Ich würde also sagen: Die Tochter hält zum Vater. Aber der Vater sieht in dieser Tochter nicht das Kind Nr. 1, wie man so schön sagt.

Damit dürfte die Frage nach den Rollen von Vater und Mutter beantwortet sein.

Warten Sie, ich muß noch erklären, was das in der Praxis bedeutet. Wir haben, wenn ich mir den Horoskopvergleich der beiden Eltern ansehe, einen ständigen Versuch der Ehefrau (und Mutter von Sisi), den Ehemann (und Vater von Sisi) zu unterdrücken.
Daraus kann beispielsweise dieses Szenario entstanden sein:

- *Ehekrieg der Eltern;*
- *die Tochter ergreift Partei für den Vater;*
- *die Mutter bestraft die Tochter;*
- *die Tochter rebelliert gegen die Mutter.*

Kann man demnach sagen, daß Sisi der Liebling des Vaters war?

Nein, das kann ich so nicht sagen, da müßte ich die Horoskope aller Kinder mit denen der Eltern vergleichen, und das wäre viel zu aufwendig, abgesehen davon, daß ich gar nicht in allen Fällen die Geburtsdaten habe.

Fassen wir also den Abschnitt »Kindheit und Jugend« – Jugend im heutigen Sinn hatten die ja kaum – zusammen.

Alle Indikatoren in ihrem Horoskop zeigen, daß Sisi

- *sich nicht einordnen ließ,*
- *die Familie durch herausforderndes Verhalten ärgerte,*
- *Verbündete zwecks gemeinsamen Widerstand suchte,*
- *nach Trennung von der Mutter strebte,*
- *sich gegen Bevormundung und Freiheitsbeschränkung wehrte und*
- *dabei listig vorging.*

Schließlich ist sie ja ein Steinbock. Das ergibt ein in sich logisches Bild, wie ich es tagtäglich erlebe, wobei die Rolle des Auslösers mal die Väter, mal die Mütter sind. Bei Sisi war es die Mutter.
Um das mal etwas plastischer auszumalen: Auf die heutige Zeit übertragen hätten wir eine 14- oder 15jährige Tochter vor uns, die sich, um ihre Familie zu ärgern, total abgefahrene Klamotten anzieht, sich eine Glatze rasieren und sich tätowieren läßt und mit einem 50jährigen Rocker herumstrolcht. Wobei sie mit dem typischerweise nicht etwa sexuell liiert ist – das Mädchen will nur, daß die Familie so über sie denkt und schockiert ist.

Wie würde sich eine solche Tochter auflehnen, wenn sie im 19. Jahrhundert lebte und dem Hochadel angehörte?

Vermutlich würde sie all das tun, was man in den betreffenden Kreisen nicht tun darf.

Ich nehme also in die Liste für die PSI-Akteure die Frage auf, womit sich Sisi als Mädchen und als junge Frau gegen die Familie aufgelehnt hat.

Weil sie so geprägt war, sollte diese Frage auch für die Lebensabschnitte

- *junge Ehefrau,*
- *Mutter,*
- *reifere Frau*

gestellt werden.

PSI-Analyse der ersten sieben Lebensjahre

Gibt es eine allgemeine Aussage über ihre Kindheit?

Sie wurde weniger von Vater und Mutter aufgezogen als von einem Kindermädchen oder einer Gouvernante. Die Mutter spielte mehr eine hierarchisch übergeordnete Rolle, die hatte mit der Tochter weniger zu tun. Der Vater, der hat eine Rolle gespielt. Übrigens: Sisi hat viel Schläge bekommen.

Von wem?

Von der Person, die sie aufgezogen hat.

Auch von ihrer Mutter?

Die Eltern haben sich von den Kindern ferngehalten, die hatten wenig mit ihnen zu tun.

Alle Kinder der Familie waren seelisch gestört, sagt man und führt das auf einen Erbschaden zurück.

Nein, das liegt wohl daran, daß die Kinder wenig Kontakt zu ihren Eltern hatten.

Ich kann sehen, daß Sisi schon als kleines Kind immer aufs Pferd gesetzt wurde und das gar nicht mochte.

Dabei wurde aus ihr später eine leidenschaftliche Reiterin.

In den ersten Jahren war sie das aber nicht. Sie ist geritten, um dem Vater eine Freude zu machen.

Gibt es irgendwelche Auffälligkeiten in Sisis Kindheit?

Schauen wir mal ... Sie hatte als kleines Mädchen Angst vor irgend etwas in dem Zimmer, in dem sie schlief. Es ist nichts von Bedeutung. Jemand droht ihr mit etwas.
Sisi wurde immer zurückgesetzt, auch im Unterricht. Sie war unter ihren Geschwistern immer wie das fünfte Rad am Wagen. Das ungeliebte Kind. Kein lustiges Kind.
Schauen wir weiter ... Jetzt ist sie schon älter. Da ist eine Frau, vor der sie Angst hat. Und da ist noch eine Frau. Ich würde sagen, sie hatte vor zwei älteren Frauen Angst.

Könnten das Erzieherinnen sein?

Warte ... Welche von beiden Frauen ist die Mutter, die will ich sehen. Beide verschwinden, d. h., keine von beiden ist die Mutter. Das müssen also Frauen aus dem Haushalt oder eben Erzieherinnen sein, wenn die so etwas hatten.

Fragen wir einmal: Wo ist sie glücklich?

Jetzt sehe ich sie auf einer Wiese. Blumen blühen. Sie sitzt in der Wiese. Hat etwas bei sich. Sie spielt.

Also, ich kann nur sagen, daß Sisi als Kind außerhalb des Elternhauses glücklicher war als im Haus.

Man sagt, sie liebte Pferde.

Zu diesem Zeitpunkt nicht, da liebt sie Tiere, die kleiner sind als sie.

IV

Sisis Mädchenjahre

✧

Stichworte zu diesem Lebensabschnitt

Erste Begegnung mit Franz Joseph

Auf Einladung von Erzherzogin Sophia fuhr Elisabeth, gerade zehn Jahre alt, mit ihrer Mutter, der älteren Schwester Helene, ihren Brüdern Ludwig und Karl Theodor, einer Gouvernante und zwei Zofen Ende Juni 1848 in einer unbequemen Familienkutsche nach Innsbruck. Eingeklemmt zwischen Mutter und Schwester, ihren Käfig mit den Kanarienvögeln auf den Knien, erblickte das »häßliche Entlein« zum ersten Mal das Land, in dem es später Kaiserin sein sollte.

Der Mutter von Franz Joseph gefiel Elisabeths Schwester Helene, ein großes, schlankes Mädchen mit stolzem Gesicht, das von üppigem schwarzem Haar umrahmt war. Dieses Mädchen, so meinte sie, könnte eines Tages eine gute Königin, vielleicht sogar Kaiserin werden.

Um die kleine Elisabeth kümmerte sich niemand – außer einem schüchternen 13jährigen Jungen, Erzherzog Karl Ludwig, der sie nicht aus den Augen ließ. Dieser jüngere Bruder von Franz Joseph überhäufte sie mit kleinen Aufmerksamkeiten wie Obst oder Blumen. Auch in der Folgezeit bis zu ihrem nächsten Wiedersehen fünf Jahre später blieb Karl Ludwig Elisabeths treuer Verehrer und sandte ihr immer wieder Ringe, Armkettchen und bunte Fächer.

Indessen schwärmte Elisabeth für einen schönen dunkelhäutigen Grafen, der in der Nähe von Possenhofen lebte. Ihm widmete sie eine ganze Reihe von Liebesgedichten, und wie sie ihrem Tagebuch anvertraute, pflegte sie stundenlang hinter der Hecke zu warten, nur um ihn vorbeigehen zu sehen. Aber schon wenige Monate, nachdem sie einander kennengelernt hatten, wurde der schöne Graf ins Ausland geschickt, wo er erkrankte und starb.

Astroanalyse der Mädchenjahre

Hatte Sisi vor ihrer Ehe eine heiße Liebschaft, bevor sie sich verstandesmäßig für den Kaiser entschied oder möglicherweise sogar gezwungen wurde, sich für ihn zu entscheiden?

Venus–Mars–Neptun im 5. Haus:

- *Venus–Mars bedeutet Liebe,*
- *Neptun steht hier für Enttäuschung in der Liebe.*

Es ist sehr wahrscheinlich, daß sie in einen anderen Mann verliebt war. Aus der Marskonstellation kann man ersehen, daß das nicht nur Blickkontakte waren.

Sie hatte vor ihrer Ehe eine Enttäuschung in der Liebe hinter sich. Das dürfte mit der Rebellion gegen die Mama zusammenhängen. War dieser Enttäuschende nicht standesgemäß?

Das stimmt, woran haben Sie das erkannt?

Wenn ich mir die astrologischen Verläufe vom siebten bis zum 14. Lebensjahr ansehe, erkenne ich, daß sie vor dem zwölften Lebensjahr von jemandem außerhalb der Familie beeindruckt war. Das ist nichts Ungewöhnliches, aber diese ersten Schwärmereien prägen.
Mit 15 Jahren war ihr vorbestimmt, gleichzeitig mit zwei männlichen Personen konfrontiert zu werden. Der eine war ein »Schöngeist« mit Vorliebe für Geschriebenes, also Gedichte, Romane, auch Musik, aber kein Künstler im Sinne von Maler oder Bildhauer. Der andere war ein Mann, der nur das im Sinn hatte, was ein Mann vor allem im Kopf hat, wenn er einem weiblichen Wesen begegnet. Aber keine falschen Schlußfolgerungen, bitte. Da muß nichts abgelaufen sein, auch wenn wir wissen, daß wir es hier mit einer rebellischen Tochter aus gutem Hause zu tun haben.
Ihren ersten großen Kummer – sei es aus Schwärmerei, sei es, weil da schon mehr dahintersteckte – durchlebte sie mit ungefähr 15 Jahren. Das spricht dafür, daß die Begegnung mit einem der beiden zumindest gefühlsmäßig tiefer ging oder noch ein dritter Mann in ihren frühen Mädchenträumen eine Rolle gespielt hat.

PSI-Analyse der Mädchenjahre

Gibt es irgend etwas, das Sisi als Mädchen geprägt hat?

(Lacht) *Also zeig mir ein Mädchen, das zwischen 12 und 15 nicht geprägt wird.*

Was ich gemeint habe, sind Ereignisse, aus denen man ihr späteres Verhalten erklären kann.

Ich sehe, daß sie auf eine ältere Frau wütend ist. Die Frau hat ihr etwas absichtlich zerbrochen ... Das ist alles so Kleinkram.

Mädchenschwärmerei hatten wir schon ... Überschießende Trauer über ein größeres Tier. Ist etwas darüber bekannt?

In meinen Unterlagen nicht.

Lassen wir das, alles nur der übliche Kleinkram. Wenn du mehr darüber wissen willst, geh zu einer Kartenlegerin. Ich will da nicht weiter herumstochern.

V

Die Liebe in Sisis Horoskop

✧

Im Horoskop einer Frau wird immer nach den Aspekten ihrer Liebe gefragt.

Okay, wir können das analysieren und veröffentlichen, weil die unter diesem Horoskop Geborene schon hundert Jahre tot ist. Zur Beurteilung des Privatlebens von Elisabeth von Österreich müssen mehrere Horoskophinweise herangezogen werden. Es dominiert ein Venus-Mars-Neptun-Aspekt.

Die kürzeste mögliche Form der Auslegung wäre:

- *Venus = Liebe,*
- *Mars = Männer,*
- *Neptun = Enttäuschung–Vertuschung.*

Der Astroprofi nennt diese Kombination »Irrwege der Liebe«.
Würde ich Sisi gegenübersitzen, hätte ich das aber nie so formuliert. Die genaue Aufschlüsselung nach den alten Büchern der Astrologie lautet:

- *Enttäuschungen in der Liebe, durch die Liebe,*
- *disharmonisches Geschlechtsleben,*

- *Neigung zu Polygamie und Untreue,*
- *starkes Gefühls- und Triebleben mit disharmonischen Tendenzen.*

Zusätzlich in Verbindung mit Neptun:

- *krankhaftes Begehren,*
- *aber auch Verneinung des Liebesdrängens,*
- *Neigung zu Perversitäten,*
- *Enttäuschung in geschlechtlicher Hinsicht.*

Das waren die wichtigsten Grundtendenzen, die man vorab im Hinterkopf behalten sollte, wenn man das Leben von Sisi in den Details analysiert.

PSI-Analyse des Liebesaspektes

Sisi und die Liebe – was kannst du dazu herausfinden?

Wie meinst du das: Wen sie geliebt hat?

Nein, mehr die Qualität.

Also, ich würde sagen, sie war keine Madame Pompadour, sie ist mehr der zurückhaltende Frauentyp, auf den Männer zugehen müssen. Ich sehe, daß sie sich in ihrem Leben viel mit Fragen zu den Unterschieden zwischen den Geschlechtern beschäftigt haben muß. Soll ich weiter analysieren, ob da Kunstinteresse oder andere Interessen dahinterstecken?

Ja, wenn es geht.

Es ist kein Kunstinteresse. Es ist Genuß für das Auge.

Okay, dann lassen wir mal gut sein.

Astroanalyse der möglichen Ehen von Sisi

Wenn sie gekonnt hätte, wenn es nach ihr gegangen wäre, wie viele Ehen wäre Sisi dann eingegangen?

Sie hätte auf jeden Fall mehrmals geheiratet.

Sonne–Mond zu Pluto:

- *seelische Zerrissenheit,*
- *einseitige Einstellung.*

Veränderte Verhältnisse führen zu Entwicklungskrisen. Das hängt mit einer karmischen Verbindung zusammen.

Einer Verbindung zu wem?

Wenn ich die Regeln der astrologischen Karmaforschung anwende, handelt es sich bei dieser Verbindung um die Inkarnation einer Persönlichkeit, die bei den Habsburgern eine große Rolle gespielt hat und die nun in einer untergeordneten Inkarnation in der Umgebung von Sisi verkörpert war.

Da müssen die PSI-Leute ran!

PSI-Analyse der karmischen Verkettungen

Du fragst nach karmischen Verbindungen von Sisi zu Personen, die ihr in ihrem Leben begegnet sind?

Nein, laß es mich genauer sagen: Ich frage nach der wichtigsten, der karmischen Hauptaufgabe.

Es besteht eine karmische Verkettung zwischen Sisi und ihrem Sohn. Sie war ihm zur Hilfe karmisch verpflichtet und hat sich dieser Aufgabe entzogen. Sein Tod ist eine direkte Folge dieser Verweigerung und belastet sie jetzt.

Kannst du das genauer analysieren?

Warte mal ... Drei Männer, eine Frau. Also die Geschlechterverteilung hat sich nicht geändert. Drei Männer erleiden wegen einer Frau ...

... den Tod?

Nein, sie werden gefangengenommen in Ausübung einer Ehrenpflicht, mit der die drei nichts zu tun haben. Was mit den drei weiter passiert ist, habe ich nicht drauf.

Okay, dann weiter. Die Frau ist schuld am Tod dieser Männer?

Nein, die Männer sind auch in der nächsten Inkarnationsrunde Opfer dieser Frau. Die Geschichte muß in Spanien gelaufen sein, weil ich spanische Männer sehe.

Es gibt ja eine direkte Verbindung der Habsburger nach Spanien.

Das wird es wohl sein. Der Rudolf des 19. Jahrhunderts hat etwas mit einem Ferdinand des 15. Jahrhunderts zu tun.

Noch mal, es geht jetzt nur um die karmische Verbindung.

Die Frau hat das Leben dieser Männer belastet. Sie ist geboren und in die Position gebracht worden, um karmisch abzutragen und diese Männer zu entlasten.

Ich frage jetzt, ob es geklappt hat.

Nein, wieder nicht. Paß auf, bevor die Männer in den Kampf gezogen sind, haben sie sich gegenseitig etwas versprochen. Dieses Versprechen erschwert die Lösung dieser Schicksalsgemeinschaft. Das ist der Grund, warum sie alle drei mit der Frau (Sisi) wieder inkarnierten und relativ jung starben.

Wer war in welcher Rolle diesmal – also zu Lebzeiten von Sisi – inkarniert?

Der eine ist auf jeden Fall ihr Sohn gewesen. Da kommt das Wortspiel Rudolf-Ferdinand bzw. Ferdinand-Rudolf. Der andere ist der Bruder ihres Mannes gewesen, der als Maximilian in Mexiko umkam, und der dritte ... ist das wahr? Warte, ich muß noch mal die Geschichte von vorne abrollen lassen, also noch einmal ...
Paß auf, das war dieser Typ mit dem Schloß ...

In Spanien?

Nein, nein – der dieses Traumschloß gebaut hat.*

Meinst du diesen König in Deutschland?

Ich denke schon.

Wie hätte Sisi das lösen können?

Sie hätte den Einfluß gehabt, daß ihr Schwager, derjenige, der dann nach Mexiko gegangen ist, in Europa geblieben wäre. Das hätte sie bewirken können, indem sie ihren Sohn für den Thron vorbereitet

* Gemeint ist Ludwig II. von Bayern, der Schloß Neuschwanstein erbauen ließ.

hätte. Er wäre der bessere Kaiser gewesen, und die Geschichte Europas hätte einen anderen Lauf genommen.

Dieser Sohn wird aber von den Historikern nicht sehr positiv gesehen.

Warte, ich fahr' mal diesen Teil zeitlich weiter nach vorn ...
Ich sag' dir etwas: Die hätte nicht zu Ungarn, die hätte zu ihrem Sohn halten sollen. Er und seine Umgebung hätten die Monarchie reformiert. Die Österreicher hätten eine Monarchie nach englischem Muster bekommen. Hat man davon etwas in der österreichischen Geschichte vermerkt?

Ich kenne mich nicht so gut aus in europäischer Geschichte, aber ich glaube nicht. Jetzt zurück zum Ausgangspunkt: Wer hat den entscheidenden Fehler gemacht?

Tut mir leid, es ist diese Sisi. Es hat irgend etwas mit ihrer persönlichen Bequemlichkeit zu tun. Da ist es: Ihr Leben wäre unbequemer verlaufen, weil sich die Kirche gegen sie gestellt hätte.

Nochmals zurück. Wer und warum war gegen eine Reform?

Es ist ein Mann mit einer schwarzen Kutte und einer Bauchbinde, also eindeutig ein Mann der Kirche. Das mit dem Warum bekomme ich nicht eindeutig in den Kopf. Es geht um eine Besprechung, mehrere Leute sind da ...

Laß mal, vielleicht kommen wir später noch mal an diese Situation heran. Jetzt noch der dritte dieser Männer – wer ist das?

Warte ... Der mit dem Schloß hätte diesmal keine große Rolle zu übernehmen gehabt ... ein Moment, ich fahre kurz vor. Der hatte

Probleme mit der Kirche, und er wäre zum Problem für die Kirche geworden.
Zurück zum Ausgangspunkt: Diese Sisi und diese drei Männer. Ich sag' dir, die kommen wieder und kreisen umeinander.

PSI-Analyse der möglichen Ehen von Sisi

Ich habe hier die Frage: Wie viele Ehen hätte Sisi eingehen können, wenn sie nicht Kaiserin geworden wäre?

Das kann ich so nicht beantworten. Fragen wir lieber: Wie viele Männer haben in ihrem Leben über eine längere Zeit – wobei das relativ sein kann – eine Rolle gespielt?
Paß auf, es sind außer dem Kaiser, dem Vater ihrer Kinder, insgesamt sechs Männer.

Was kannst du über die besonderen Merkmale dieser Männer sagen?

Fünf dieser Männer hat sie mit dem Auge geliebt, d. h., sie müssen sehr gut ausgesehen haben. Einen hat sie mit dem Kopf geliebt, der hatte auch keine Uniform an. Denn hör mal: Sisi stand auf Uniformen. Und einen hat sie mit dem Herzen geliebt.
Schauen wir mal, was aus ihnen geworden ist …
Hey, vier von ihnen haben die Liaison nur kurze Zeit überlebt oder sind bald darauf eingesperrt worden. Wart mal, der Kaiser steckt dahinter, der muß sehr eifersüchtig gewesen sein.

Sie hat ja viele Reisen unternommen.

Ich glaube, das ist der Grund: Die Frau erkennt, was ihren Geliebten zustößt, und geht dorthin, wo ihr Mann keine Macht und keine Zugriffsmöglichkeit hat.

Na, das erklärt ja wirklich einiges.

Vier dieser Männer sind ins Gefängnis gekommen oder im Gefängnis gewesen. Einer ist später erstochen worden. Wart mal, das scheint ein Duell gewesen zu sein.

Soviel zu den Männern, die sie kennengelernt hat, nachdem sie schon verheiratet war. Was war davor? Es gab da eine platonische Beziehung zu einem Grafen.

Kann ich nichts zu sagen, es sei denn, du nennst mir ein Detail, an dem ich diesen Grafen erkennen kann.

Das kann ich leider nicht.

Da muß ein junger Typ gewesen sein. 18, vielleicht 19 Jahre, dem Aussehen nach. Sehr schlank, sehr gutaussehend. Sisi ist von seinen Augen und seinem Wesen beeindruckt. Er trägt keine Uniform. Sie ist noch sehr jung. Ich habe gesehen, wie er neben ihr saß und sie in den Arm genommen hat.
Zu diesem Zeitpunkt war der andere an einer ganz anderen Position.

Wen meinst du damit, welcher andere?

Wart mal ... Das ist der, mit dem sie später Kinder hat.

Also der Kaiser.

Ich würde sagen, ja.
Ich konnte sehen, daß der junge Typ solche Stiefel anhatte.

Was für Stiefel?

Keine Stiefel, wie sie Soldaten tragen, sondern Stiefel, wie sie elegante Reiter tragen. Jetzt schau ich noch mal, wo der herkommt …
Der junge Mann geht in ein Haus. An diesem Haus ist ein Schild. Ich würde sagen, darauf steht »Magister« oder etwas ähnliches. Das ist das Haus seines Vaters, das Haus, wo sein Vater gearbeitet hat.
Konnte Sisi Klavier spielen?

Ich weiß es nicht. Mir ist nur bekannt, daß sie Zither spielen konnte.

Nun habe ich ein Problem: Ich weiß nicht, wie eine Zither aussieht. Würde auch zu sehr ablenken. Sagen wir einfach: vor dem Instrument. Die Sisi sitzt die ganze Zeit vor dem Instrument. Die wollte den auf Anhieb gar nicht.

Wen wollte sie nicht?

Den späteren Vater ihrer Kinder. Sie wollte den mit den Reitstiefeln und der Gerte in der Hand. Das ist der mit dem Vater in dem Haus. Der hat mit ihr auch zwischendurch das Instrument gespielt, wobei er das am Anfang nicht gut konnte. Er war mehr zum Reiten begabt. Aber er hat mit ihr das Instrument gelernt. Dann erst hat sie den anderen kennengelernt.

Wie ist bei ihr der Funke übergesprungen?

Beim Tanzen.

Stop! Wer ist dieser Mann, mit dem sie tanzt?

Wart mal … Es ist der Vater ihrer künftigen Kinder.

Also Kaiser Franz Joseph?

Könnte sein, auf jeden Fall trägt er so etwas wie eine Uniform. Auf keinen Fall ein bürgerliches Outfit.

Mich würde interessieren, wer nun wen zuerst begehrt. Du weißt schon …

Ich habe die Situation drauf, daß dieser Uniformierte mit ihr tanzt. Er brennt, wie man so schön sagt, er will sie.

Und Sisi? Was ist mit ihr?

Sisi tanzt zwar mit dem Uniformierten, hat aber den anderen im Kopf. Sie hat von zu Hause ein Bild mitgenommen, kein Porträt, sondern ein kleines Bild in einem Rahmen. Hinter dem Bild steckt etwas, das sie von dem jungen Mann in den Reitstiefeln bekommen hat.

Laß uns weitermachen, fahr die Zeit so weit vor, daß die Entscheidung, den Uniformierten zu heiraten, gefallen ist. Was geht jetzt im Kopf des Mädchens vor?

Also, an Sex denkt sie nicht. Was sie an dem gereizt hat, war, daß sie Macht bekommt.

Wie soll man das verstehen?

Nicht politisch – Sisi wollte die mächtigste innerhalb ihrer Familie werden. Das Mädchen war ehrgeizig. Die konnte es nicht vertragen, nicht das Kind Nr. 1 in der Familie zu sein.
Auch der ganze Prunk und die Kleider haben sie gereizt, all das, was sich die anderen nicht leisten können.

Also ein Aschenputtel-Syndrom?

Genau das ist es.

Was hat sie am meisten beeindruckt?

Wart mal, ich fahre in der Zeit noch mal zurück ... Da ist nichts. Jetzt weiter vor ... Sie muß von ihm ein Geschenk bekommen haben, das Geschenk hat der Staat bezahlt. Ich würde sagen, ein Halskollier, etwas sehr Teures.

Wir können davon ausgehen, daß sie öfters etwas bekommen hat.

Ja, ja, aber da war sie noch ziemlich jung. Und dieses sehr teure Geschenk – so etwas scheint die ganze Familie bis dato nicht besessen zu haben, das hat bei ihr endgültig das innere Jawort ausgelöst. Ab da wollte sie nur noch ihn.
Später ist sie noch einmal beeindruckt worden, als sie einen sehr großen Stein bekommen hat. Weißt du davon etwas?

Ich habe in meinen Unterlagen nur, daß Sisi ein sehr wertvolles Verlobungsgeschenk bekommen hat.

Vor dem späteren Vater ihrer Kinder gab es noch einen zweiten, sagen wir, einen Mädchenschwarm. Er hat ihr imponiert, weil er sie auf Kutschenfahrten mitgenommen hat.
(Lacht) *Den können wir vergessen, das war ein Diener, ein Stallbursche, der die kleine Sisi ins Herz geschlossen hatte.*

VI

Brautzeit einer Kaiserin in spe

✧

Stichworte zu diesem Lebensereignis

Zweite Begegnung mit Franz Joseph

Im Juni 1853 überbrachte ein Bote der Herzogsfamilie in Possenhofen ein Schreiben der Erzherzogin, die Schwester, Schwager und ihre älteste Nichte für Mitte August nach Ischl (Österreich) einlud. Elisabeth war nicht eingeladen, aber das war kein Affront, da sie zu jener Zeit fast noch ein Kind war.

Da Elisabeths Vater die Einladung nicht annahm, entschied die Mutter, daß Sisi mitfahren könne. Am 16. August 1853 trafen sich Kaiser Franz Joseph und Sisi im Salon seiner Mutter in Ischl wieder.

Ein Musikzug des österreichischen Heeres spielte am Abend im Garten auf. Elisabeth durfte noch ohne ihre Gouvernante aufbleiben. Der 18jährige Bruder von Franz Joseph, Karl Ludwig, der Sisi seit fünf Jahren verehrte, nutzte die Gelegenheit, indem er mit ihr tuschelte und ihr Schmeicheleien ins Ohr flüsterte.

Doch das hübsche junge Mädchen zeigte kein Interesse für Karl Ludwig, sondern beobachtete neugierig das Geschehen zwischen ihrer Schwester Helene und dem jungen Kaiser. Wenn dieser das Wort an Elisabeth richtete, plauderte er munter mit ihr, ja, die

Hofschranzen überlieferten, daß er Sisi neckte. Das wird wohl auch der Augenblick gewesen sein, in dem es bei dem jungen Mann »gefunkt« hat.
Als die Gäste gegangen waren, soll sein Bruder Karl Ludwig traurig und enttäuscht zu seiner Mutter gesagt haben: »Die Sisi hat dem Franzi so gut gefallen, viel besser als Nene*. Du wirst sehen, er wird viel eher sie wählen als die ältere Schwester.«
Darauf die Erzherzogin: »Aber wo denkst du hin – diesen Fratz!«

Astroanalyse der Brautzeit

Nun geht es Schlag auf Schlag in den Zeitzahnrädern des Lebenshoroskops von Sisi. Venus erreicht Uranus, das bedeutet: plötzliche Liebe. Fast zeitgleich erreicht Uranus das 7. Haus, und das heißt:

- *plötzliche, unvorhergesehene Ehe oder (wie man heutzutage sagt) plötzlicher Beginn einer Partnerschaftsperiode,*
- *aber auch: tiefe Zuneigung,*
- *eigenartiges Liebesschicksal.*

Dann haben wir wieder diese Sache mit den außergewöhnlichen Spannungen im Liebesleben, diesen Aspekt, der sich bei Sisi seit dem 13. Lebensjahr auswirkt.

PSI-Analyse der Brautzeit

Sisi – eine Knospe, die sich öffnet?

Schauen wir ... Nein, nicht als Frau. Die weiblichen Attribute sind bei

* Sisis Schwester Helene

ihr nicht ausgeprägt. Sie trägt nicht gerne Röcke, deshalb hat sie ständig Krach, wie man heute sagen würde, mit einer älteren Frau.

Der Mutter?

Ich würde sagen, nein, das ist nicht die Mutter. Das Mädchen ist schwer zu führen. Man verspricht ihr ständig etwas. Also, ich sehe, daß mündliche Verträge geschlossen werden: Wenn du das tust oder wenn du das nicht tust, dann kriegst du ...
Hey, das hat die Sisi für ihr Leben geprägt! Das zieht sich durch ihr ganzes Leben: Die hat sich ihr »Verhalten« – gut oder böse – von Anfang an immer abkaufen lassen, und es hat immer, würde ich sagen, funktioniert.
Paß auf, das ist einer der Schlüssel zu ihrem Lebenslauf. Man hat ihr die Reise zum Kaiser versprochen: Wenn sie irgend etwas tut, darf sie mit. Was steht zu diesem Punkt eigentlich in ihrem Lebenslauf?

Nach meinen Unterlagen ist sie für ihren Vater eingesprungen.

Von wegen! Aber das ist nebensächlich.

Astroanalytischer Vergleich Franz Joseph–Sisi

Beide haben Pluto im 7. Haus, das bedeutet: Das wird keine einfache Ehe. Bei beiden steht:

- *Ehe in der Öffentlichkeit,*
- *vielfach wechselnd!*

Sie hatte Uranus im 6. Haus, er hatte Sonne, Mond, Saturn im 11. Haus (der Freunde). Er wollte eine Ehe, zurückgezogen von der

Öffentlichkeit. Das kommt so nicht zustande, weil auch sie die Öffentlichkeit in ihrem Eheaspekt hat.

Sisi hat im 12./6. Haus Uranus, das bedeutet:

- Sie haut auf ihn drauf,
- sie will bei der Ehe in der Öffentlichkeit mitmischen.

Aber er hat sie nicht gelassen, er hat sie eingeengt. Er hat sie sehr geliebt, da Sonne–Mond in enger Konjunktion stehen, aber Saturn hat das Ganze wieder aufgelöst. Sie durfte zwar seine Frau sein, doch er wollte sie von seinem Beruf fernhalten – von den Regierungsgeschäften, da er der Kaiser war.

- Er hatte große innere Hemmungen,
- ein seelisches Bedrücktsein.

Sonne–Mond–Saturn eng zusammen:

- Vereinsamung,
- Lösung aus der Gemeinschaft,
- Verzicht,
- Schwierigkeiten in den Beziehungen zum anderen Geschlecht.

Er wird es sein, der sich aus der geschlechtlichen Partnerschaft zurückzieht.

Gemeinsame karmische Aufgaben in dieser Ehe:

- gemeinsames Leid,
- Krankheit,
- Trennung.

Hätte er sich scheiden lassen, wenn er gekonnt hätte?

Ja, denn er hat sich nicht von der Welt verabschiedet, sondern nur aus dieser Ehe. Er war gehemmt in der Sexualität. Der Stand Saturn/MC in seinem Horoskop ist nicht das beste.

Kann man sein ideales Frauenbild beschreiben – wie wäre seine zweite Frau gewesen, wenn er wieder eine feste Bindung eingegangen wäre?

Das ergibt sich aus dem Gesagten: Er hätte eine sensible Frau genommen, die auf ihn eingegangen wäre, eine stille und zurückgezogene Frau, da Sonne mit Mars eine besondere Stellung zum Stier hat. Zurückgezogen, aber offen für Wandlungen.

Venus–Mars–Merkur:

- *Er hatte seine Träume von der Liebe,*
- *aber da kam nichts Gescheites heraus,*
- *nur durch das Triebleben beeinflußtes Denken (Eifersucht).*

In der praktischen Liebe war er mehr Schauspieler: Liebe und Ehe um der Nachkommen willen.

Venus–Neptun:

- *Er war kein Heiliger,*
- *seine Ideale und Wünsche ließen sich nur schwer verwirklichen.*

Im Alter entwickelten sich die Aspekte seines Horoskops in Sachen Liebe und Partnerschaft: So wurde er

- *ein scharfer Kritiker,*
- *auch ein wenig Erpresser.*

Er überschätzte seine Kräfte und hat dann manche Schlacht verloren.

Wie paßten der Kaiser und Sisi zusammen?

Ich brauche eine konkretere Frage, sonst kann ich nichts dazu sehen.

Man sagt, daß seine Mutter und ihre Mutter plötzlich ein gespanntes Verhältnis zu ihr hatten.

Ich konnte eine Kartenlegerin erkennen. Legte die Mutter Patiencen? Ihre Mutter wollte immer in alles hineinreden. Die Mutter wollte, daß sie mit ihr, mit der Tochter, aufgewertet und angehoben wird. Sisi wollte das aber nicht. Die Tochter hatte damit ein großes Problem. Und mit seiner Mutter hatte sie auch ein Problem: Die Mutter wollte immer dabei sein. Das wollte Sisi erst recht nicht.

Wie siehst du die beiden Eheleute in der Partnerschaft?

Ich fahre mal die Gefühlsschiene von der Heirat bis zu ihrem Tod ab: Erst ist er in sie vernarrt. Er ist ihr hörig und setzt sich zwischen Stühle. Seine Eifersucht ist tödlich. Später richtet sich seine Eifersucht gegen einen bestimmten Typ von Mann. Gegen einen bestimmten Edeltyp des Mannes.

Weiter vor, wie sieht es da aus?

Er will weg, sie läßt ihn nicht los. Denn sie will ihn nicht hergeben. Sie kämpft mit allen Raffinessen. Ihre Eifersucht erwacht und schlägt in Haß um.

Noch weiter vor.

Beide reagieren nur noch mit dem Kopf. Bei keinem ist mehr das Herz dabei. Nur noch der Kopf.

Zum Zeitpunkt des Todes von Sisi haben sich beide arrangiert. Sie liebt ihn wieder, aber verachtet ihn auch.
Er akzeptiert sie jetzt, wie sie ist, und lebt in seiner Welt.

Denken die beiden aneinander?

Er mehr an sie als sie an ihn.

Vielleicht, weil sie ihn soviel Geld kostet?

Wart mal ... Nein, das ist ihm anscheinend gleichgültig. Er denkt an sie, als sie noch ein junges Paar waren. Sie hatte etwas an sich, das ihm sehr gefallen hat. Davon träumt er wieder.
Das hat jetzt irgend etwas mit der Privatsphäre eines Ehepaars zu tun. Ich würde sagen, lassen wir das. Nächste Frage, bitte.

Astroanalyse: Liebten sich die jungen Brautleute?

Gehen wir einmal davon aus, daß der Reiz der ersten Zeit für beide Ehepartner in die Alltagsroutine übergegangen ist.

In Sisis Horoskop sieht man, daß sie mehrere Male enttäuscht worden ist. Ich meine: durch ihren eigenen Mann enttäuscht. Sie war bei ihrer Heirat 15, 16 Jahre alt, da kann es schnell geschehen, daß man aus einem Backfischtraum erwacht und meint, man sei im falschen Leben. Die Astroanalyse kann nun keine Details herausfiltern, die aufzeigen, worin diese Illusionen bestanden. Das müssen die PSI-Akteure tun, falls diese Einzelheiten von Interesse sind.

Man weiß, daß sie gegenüber ihrem Mann prüde wurde. Wie läßt sich das mit dem Heiratshoroskop erklären?

Das Heiratshoroskop

Venus stand auf Deszendenten Mond: Von ihrer Seite war es eine Liebesheirat. Im 8. Haus Sonne–Pluto–Uranus: Schwierigkeiten (8. Haus/10. Haus).
Sisi tat sich schwer mit Kontakten (10. Haus zum 9. Haus, der Mondknoten zum Saturn).

Mars–Neptun, Jupiter läuft mit:

- *Sensitivität, Inspiration, geistige Erkenntnisse,*
- *keine starke Lebenskraft, eher schwach,*
- *glückliche Wendung nach Enttäuschung(en),*
- *in glücklichen Umständen,*
- *Unglück im Reichtum,*
- *nicht ganz gesund.*

Das muß man sich eigentlich am Ende ihres Lebens anschauen.

Lügen und Mißverständnisse

Der Horoskopvergleich zeigt weiter:

- *falsches Denken,*
- *gerne gelogen (auch falsche Komplimente),*
- *weil getäuschte Frau.*

Suchte der Kaiser von Anfang an auch anderweitig Zerstreuung?

Nein. Und er hat seiner jungen Frau, die er leidenschaftlich begehrt haben muß, kein Bild von seinen Wünschen vermittelt. Sie muß lange der Meinung gewesen sein, daß alles in Ordnung sei. Diese Täuschung prägte Sisi, denn sie hatte eine starke ichbewußte Lenkung.
In der ersten Phase dieser Ehe ist sie die Belogene und Verleumdete. Seine Leidenschaft, seine Eifersucht müssen grenzenlos gewesen sein. Das änderte sich aber, und er litt unter den Fehlern, die er in der ersten Zeit – vermutlich, ohne es zu wissen – gemacht hatte. Ich würde sagen, er hatte falsche Erzieher, schlechte Berater.

Kampf der Geschlechter?

Uranus–Pluto–Sonne: Die junge Frau fühlt sich eingeengt.
Sie erwartete sich von ihrer Liebe zu ihrem Mann die Verwirklichung ihres Unabhängigkeits- und Freiheitsdrangs. In ihrer Phantasie träumte sie von einem Franz Joseph, der eine Stunde am Tag regiert, den restlichen Tag mit ihr durch die Welt tollt und sie abends mit Liebe verwöhnt.

Das gab er ihr nicht.

Na ja, dann schlägt das in Ernüchterung um. Bei Enttäuschung flüchtete sie ins Körperliche: überforderte ihren Körper, neigte zur Ungeduld. Kurz gesagt: Einseitigkeit und körperliche Exzesse als typische Reaktion eines willensstarken (sturen) Steinbocks.

10. *Haus zum* 8. *Haus:*

- 8. *Haus heißt Machtstreben,*
- *sie setzte sich durch.*

Machtstreben in Opposition zum absteigenden Mondknoten im Stier: Sturheit, sie konnte u. a. durch »einsames Schweigen« bestrafen.

VII

Das Kaiserpaar: Hochzeit und Ehe

✧

Stichworte zu diesem Themenkomplex

Nun folgte die märchenhafte Wende, die das Herz des damaligen Volkes höher schlagen ließ: Der junge Kaiser hatte sich in Sisi verliebt. Auf einem Ball erfuhr die adlige Welt, daß er Sisi zur Kaiserin von Österreich machen wolle. Die kleine Prinzessin, ein scheinbar unbekümmertes Mädchen, erklomm den Thron Österreichs.

Einige Zeit später folgten ein »großer Bahnhof«, als sie aus ihrer Heimat Bayern abreiste, sowie ein grandioser Empfang an der österreichischen Grenze. In Linz, der ersten Stadt seines Reiches, in der seine Braut auch die Nacht verbringen sollte, stand Franz Joseph am Landungssteg der Donau und hieß Sisi willkommen. Zusammen fuhren sie den mächtigen Strom hinunter nach Wien. Es folgte der triumphale Einzug in der Metropole der Monarchie. Am 24. April 1854 wurden Elisabeth und Franz Joseph nachmittags in der Augustinerkirche zu Wien getraut. Unter Trompetenfanfaren und Paukenwirbel kehrten sie abends, nach stundenlangen Ansprachen und Zeremonien, in die Hofburg zurück. Dort führte Franz Joseph die neue Kaiserin in den Thronsaal, wo sie die Glückwünsche des Hofes entgegennahmen.

Jetzt kommen wir zur Ehe von Sisi: Was sah der Kaiser an ihr so gerne, daß er sie unbedingt zur Frau haben wollte?

Wenn ich einen Blick in sein Horoskop werfe, sehe ich, daß Sisi ihn sexuell beherrschen wird – zwangsläufig, denn die Hinweise aus den Aspekten zum Aszendenten sprechen eine deutliche Sprache. Ich würde sagen, diese junge Sisi war genau das, was er sich in seinen Träumen für sein Bett ausgemalt hatte:

- *sehr jung,*
- *scheinbar in ewiger Unschuld befindlich,*
- *zart, zerbrechlich.*

So wollte er seine Frau sehen.
Übrigens, diese Grundveranlagung, sich zu sehr jungen Frauen hingezogen zu fühlen, muß bei ihm ein Leben lang angehalten haben. Der in solch einer astrologischen Konstellation Geborene will so eine Kindfrau, und das bedeutet: Er wollte ihren Körper, den hat er auch geheiratet, nicht ihren Geist.

Was können Sie noch über diese Ehe herauslesen?

Mond–Merkur mit Neptun:

- *rege Phantasie,*
- *viele Einbildungen.*

Also eine Traumwelt, in der die beiden am liebsten leben und lieben wollen.

Bei einem Horoskopvergleich würde man es dem jungen Paar nicht so direkt sagen, aber einem künftigen Ehemann damaliger Zeit hätte man zumindest den Rat geben müssen, seiner Frau stets genug Geld für Kleider, Friseur und Kosmetik zur Verfügung zu stellen, um das Glück der jungen Ehe nicht unnötig zu belasten. Im vorliegenden konkreten Fall wäre ein solcher Rat natürlich nicht erforderlich gewesen.
Auf der anderen Seite müßte man der jungen Frau behutsam den Rat geben, ihren Partner zu mehr Phantasie in der Ehe anzuregen. Dies würde vieles erleichtern, auch wenn er aufgrund seines astrologischen Grundbildes nie der Traumpartner für eine Frau sein kann. Ich würde sagen, bei dem Alter der Frau (16) und bei ihrem Venus-Pluto/MC-Aspekt begann die Lüge auf beiden Seiten schon beim ersten Mal.

Als nächstes stellt sich die Frage nach Sisis Zuhause, dem Heim, sofern man bei einer Kaiserin von einem Heim sprechen kann: Hat ihr das etwas bedeutet? Wie sollte dieses Heim nach ihren Wünschen beschaffen sein?

Sisi wollte glänzen, wollte im glanzvollen Mittelpunkt stehen. Wir haben im 4. Haus Merkur mit Mars in enger Konjunktion mit der Sonne. Das bedeutet in der Individualhoroskopie: Der/die Betreffende

- *glänzt zu Hause,*
- *will zu Hause glänzen,*
- *greift alles an, was ihm/ihr hierbei im Weg steht.*

Aufgrund ihres Grundcharakterzugs, den wir aus ihrem Geburtshoroskop herausgelesen haben, würde ich sagen, daß sie mit »spitzer Zunge« angegriffen hat. – Weiter:

- *Sie neigt dazu, über alles zu bestimmen,*
- *setzt sich immer wieder mit ihrer spitzen Zunge durch.*

In der Staatshoroskopie bedeutet dies, daß Elisabeth von Österreich neben dem Kaiser glänzen will. Das wiederum bedeutet, daß der Hof, will er nicht durch ihre spitze Zunge beim Kaiser in Mißkredit geraten, ihr den Willen lassen muß.

Aber in der politischen Horoskopie muß man auch daran denken, daß man die Kaiserin unter Umständen lenken bzw. Entscheidungen durch Intrigenkonstruktionen provozieren kann, indem man ihr Material für ihre spitze Zunge liefert. Das ist eine ideale Situation für die Gesandten oder Botschafter und für die Drahtzieher der Geheimdiplomatie.

Lassen Sie mal durch die PSI-Akteure untersuchen, ob Elisabeth von Österreich die Kaiserin der Geheimdiplomatie war. Ihre Aspekte bezüglich eigenes Heim und Haus deuten auf die Möglichkeit, daß sie aus dem Ehebett heraus Politik betrieben hat.

VIII

Sisis Kinder

✧

Sophie, die erste Tochter

Stichworte

Im März 1855 brachte Elisabeth ein Mädchen zur Welt. In den später von Hofdamen veröffentlichten Hintergrundberichten hieß es, das Kind sei, ohne daß man die Mutter erst fragte, auf den Namen der Erzherzogin getauft worden. »Das Neugeborene ging unverzüglich in die Obhut der Erzherzogin über, die selber das gesamte Personal für das im Stockwerk ihrer Privatgemächer liegende Kinderzimmer ausgesucht hatte.«

Seither wurde viel darüber geschrieben, wie unglücklich die junge Mutter gewesen sei, weil man ihr das Kind buchstäblich weggenommen hatte. Dieser Vorfall wurde zur Ursache zahlloser Reibereien zwischen Sisi und ihrer Schwiegermutter erklärt. Wie dieselben Quellen jedoch auch berichten, stehe es fest, »daß mütterliche Gefühle erst viele Jahre später in ihr erwachten«.

Der jungen Mutter scheint es in der Tat wichtiger gewesen zu sein, wieder im Sattel zu sitzen und auszuprobieren, ob ihre Kleider noch paßten. Es ist überliefert, daß sie einen regelrechten Kult mit ihrer Schönheit, ihren Leibesübungen oder dem Kämmen ihres Haares betrieb.

Mich würde interessieren, wie die erste Schwangerschaft verlaufen ist.

Ich habe hier, daß sie einmal die Treppe hinuntergefallen ist. Während sie schwanger war, ist sie gefallen.

Hat das Kind dadurch Schaden genommen?

Nein, keinen Schaden, aber da war irgend etwas anderes. Es gab immer Meinungsverschiedenheiten mit dem Küchenpersonal, aber das verstehe ich nicht, das ist ohne jede Relevanz.
Sie muß irgendwie herrschsüchtig gewesen sein. Es geht bei den Streitereien um das Zudecken der Kinder ... kann ich nicht verstehen. Die Sachen, die für uns völlig belanglos sind, stehen hier im Mittelpunkt. Darüber hat sie sich auch mit ihrer Mutter gestritten.
Da ist aber noch etwas ... Man hat nicht damit gerechnet, daß sie die Geburt überleben wird.

Wieso das?

Sie war während der Schwangerschaft körperlich sehr schwach. Ich würde sagen, sie wurde falsch ernährt.

Oder hat sich selbst falsch ernährt.

Könnte sein, auf jeden Fall gab es eine Gruppe – am Wiener Hof, würde ich sagen –, der das ganz recht gewesen wäre.
Ja, wir sind auf der richtigen Spur. Gab es eine österreichisch-italienische Fraktion am Wiener Hof?

Das weiß ich nicht mit Bestimmtheit, aber ich könnte mir das aufgrund der politischen Lage schon vorstellen.

Paß auf, noch während Sisi schwanger war, hat man den Kaiser mit einer jungen Adeligen aus für mich südländisch aussehendem Hochadel bekanntgemacht. Sisi muß davon erfahren haben, denn sonst hätte ich es nicht drauf. Ich würde sagen, da lief einiges ab.

Wie viele Kinder siehst du aus der Verbindung mit dem Kaiser?

Oh, das ist schwer zu analysieren, denn bei ihm zählt nicht die angetraute Ehefrau allein und bei ihr nur die Kindsväter.

Sie hat offiziell vier Kinder geboren.

Okay. Ich würde sagen, eins ist nicht von ihrem Mann. Das kommt daher, weil ich jetzt sehe, daß sie drei Kinder mit blauem Blut und ein Kind mit rotem Blut hat. Das bedeutet, ein Kind kann nicht von ihm sein.

Gisela, die zweite Tochter

Stichworte

Den Sommer 1856 verbrachte Elisabeth in Possenhofen (Bayern) und Ischl (Österreich). Es wurde offenkundig, daß sie erneut schwanger war. Die Angst, wieder nicht den ersehnten Thronerben zur Welt zu bringen, machte sie reizbar und launenhaft. Es kam, wie von ihr befürchtet: In diesem Sommer brachte sie ein zweites Mädchen zur Welt, das auf den Namen Gisela getauft wurde.

Vermutlich durchlebte Sisi im Jahr darauf den ersten großen Schock in ihrem jungen Leben, als ihre erstgeborene Tochter Sophie verstarb. Das Kind hatte während des ganzen Winters gekränkelt. Die Ärzte rieten dem Kaiserpaar daher dringend ab, beide Töchter mit auf Reisen zu nehmen. Elisabeth bestand jedoch darauf, sowohl Sophie als auch Gisela mitzunehmen, als sie Anfang Mai 1857 nach Budapest reisten.

Kaum eine Woche nach ihrer Ankunft in Budapest erkrankte die jüngere Tochter Gisela, so daß das Kaiserpaar eine geplante Reise ins Innere des Landes verschieben mußte. Anschließend wurde auch Sophie krank und bekam hohes Fieber. Zwölf Stunden lang mußte die verzweifelte Mutter den Todeskampf ihres Kindes mit ansehen. Am späten Abend des 31. Mai starb Sophie.

Elisabeth war so verzweifelt, daß die Ärzte zunächst um ihren Verstand fürchteten. Zwanzig Stunden lang beharrte sie darauf, bei ihrer toten Tochter zu bleiben, und erst als sie vor Erschöpfung ohnmächtig wurde, gelang es, sie wegzubringen.

Nach der Beisetzung des Kindes in Wien schloß sich Elisabeth völlig von der Außenwelt ab, weinte stundenlang in ihrem Zimmer oder unternahm ohne jede Begleitung Spaziergänge oder Ausritte, ungeachtet der Vorhaltungen ihres Gatten und ihrer Schwiegermutter, die sich darauf beschränken mußten, ihr in einigem Abstand Pferdeknechte und Geheimpolizisten folgen zu lassen.

Am Wiener Hof war es bald offenkundig, daß Sisi die kleine Gisela mied, weil sie ihr die Schuld daran gab, daß Sophie an den Masern erkrankt war.

Während ihrer Kindheit wurde Gisela von ihrer Mutter vernachlässigt. Mit 16 Jahren verlobte sie sich und heiratete im Frühjahr 1873 ihren Vetter Prinz Leopold von Bayern, was Sisi völlig überrascht und schockiert haben soll.

PSI-Analyse

Versuchen wir die Hintergründe zu durchleuchten. Was war mit der Tochter Sophie wirklich passiert?

Ich habe folgendes: Die Ernährung des Kindes war falsch. Das ist die Ursache für die Schwächung des kleinen Körpers gewesen. Hinzu kam eine Kinderkrankheit, die sie unter normalen Umständen hätte überstehen müssen.

Wer war für die falsche Ernährung des Kindes verantwortlich?

Das kann ich dir so nicht sagen. Da sind mehrere Personen. Die haben keine schlechten Absichten mit dem Mädchen im Kopf. Das Kind hat von irgend etwas zuviel bekommen.

Was war die Ursache für die körperliche Schwäche?

Da muß ich mir die Schwangerschaft ansehen. Das Kind hatte irgend etwas am Kopf und irgend etwas mit den Armen. Es saß während der Schwangerschaft zu tief im Becken. Als Sisi schwanger war, lag das Kind zu weit unten. Ich sehe, daß sie, wenn sie die Treppe hochging, sich immer rechts hochgezogen hat.

Sohn Rudolf, der Kronprinz

Stichworte

Als Elisabeth 1857 erneut schwanger wurde, war sie von dem Gedanken besessen, unter allen Umständen einen Thronerben zur Welt bringen zu müssen. Sobald ihre Schwangerschaft feststand, wurde sie fügsam wie ein Kind, befolgte die Anweisungen ihrer Ärzte genau und bestand darauf, die aus allen Teilen des Reiches eingehenden Briefe zu lesen, die Rezepte, Gebete und Amulette für die Geburt eines Knaben enthielten.

Am 21. August 1858 kam der Kronprinz zur Welt. Es war eine schwere Geburt. Eine Hebamme, die bei der Entbindung half, hatte später Merkwürdiges zu berichten: Die Kaiserin habe im Delirium prophetische Visionen gehabt, in denen sie den Untergang des Hauses Habsburg und »rote Fahnen« in den Straßen Wiens gesehen habe.

Später konnte man lesen, daß die inzwischen fast 21jährige Elisabeth nach der Entbindung bleich und erschöpft gemurmelt habe: »Gewiß ist es ein Mädchen.« So kam es zu der Frage, ob aus politischen Gründen ein Junge untergeschoben worden war – ein Verdacht, der natürlich nie öffentlich diskutiert wurde.

Der Kronprinz heiratete am 10. Mai 1881 die belgische Prinzessin Stephanie.

Valerie, die dritte Tochter

Stichworte

Anfang 1867 war der politische Ausgleich mit Ungarn beschlossene Sache. Am 8. Juni wurden Franz Joseph und Elisabeth zu König und Königin von Ungarn gekrönt. Am 18. August kam es in Salzburg zu einem Treffen des österreichischen und des französischen Kaiserpaars. Elisabeth fühlte sich zu diesem Zeitpunkt schon seit Wochen nicht wohl. Sie war müde und abgespannt und vermutete aufgrund dieser wohlbekannten Symptome, daß sie abermals schwanger war.

Gab es um dieses werdende Kind ein Staatsgeheimnis? Es fällt auf, daß Elisabeth ihr viertes Kind unbedingt in Budapest zur Welt bringen wollte und dieses Kind, sollte es ein Knabe sein, nach Ungarns Schutzheiligem auf den Namen Stephan getauft werden sollte. Dieser Plan entfachte in den übrigen Teilen der Monarchie einen Sturm der Entrüstung.

Die Berater des Kaisers versuchten ihn mit allen Mitteln zu bewegen, in diesem Punkt seiner Gemahlin nicht nachzugeben. Aber Elisabeth setzte sich durch. Böse Zungen behaupteten, es sei nur natürlich, wenn das Kind eines Ungarn in Budapest geboren werde – eine offene Anspielung auf Sisis angebliche Affäre mit dem Grafen Andrassy, der, inzwischen Ministerpräsident in Budapest, die Grundlage für die Doppelmonarchie gelegt hatte.

In Begleitung ihrer Schwester, der Königin von Neapel, und zahlreichem Gefolge samt Ärzten, Pflegerinnen und Hebamme reiste Elisabeth im Februar 1868 nach Budapest ab. Dort brachte sie zwei Monate später, am 22. April, ein Mädchen zur Welt, das auf den Namen Valerie getauft wurde. Die Wiener aber, als sie merkten, wie vernarrt die Kaiserin in dieses Kind war, nannten das Mädchen bald nur noch »Die Einzige«.

Der Kaiser hatte sich einen zweiten Sohn gewünscht, Andrassy einen Knaben erhofft, einen späteren König eines unabhängigen Ungarns. Sisis Verhalten in den nächsten Jahren war von der Furcht bestimmt, ihre Tochter Valerie könnte vergiftet werden. Niemand durfte sich ohne ihre Erlaubnis dem Kind nähern.

Seit einem Jahr schon hatte ihre Schwester, die Königin von Neapel, die Vorzüge Englands gepriesen, des einzigen Landes, wo man noch in Frieden leben könne und das Privatleben eines jeden respektiert werde. Da die Ärzte Valerie ihrer schwächlichen Konstitution wegen kräftigende Seebäder verordneten, hatte Sisi einen triftigen Vorwand für eine Ferienreise auf die Isle of Wright. Anfang August trafen die Kaiserin und ihre Tochter, die unter

dem Namen Gräfin und Fräulein Hohenems reisten, in Steephill Castle in der Nähe von Ventnor ein.
Daß es in Wahrheit andere Gründe für die Reise gegeben haben kann, vermutete man damals nicht. Tatsächlich wurde erst viel später bekannt, daß im Feriendomizil der Kaiserin die sorgfältig ausgewählte Jersey-Kuh, welche die Milch für das Baby lieferte, jeden Morgen von einem Tierarzt untersucht wurde. Auch erfuhr man erst im nachhinein von den großen Mengen bester Rindslende, die täglich ausgepreßt wurden, weil diese Nahrung, vermischt mit Hühnerbrühe, offenbar das einzige war, was Sisi zu jener Zeit zu sich nahm.

PSI-Analyse

Kann man etwas zu dieser fluchtartigen Reise nach England sagen?

Ich sehe, daß Sisi Angst hat, sehr mißtrauisch ist. Es muß etwas vorgefallen sein, das ihr zu denken gegeben hat. Ich würde sagen, da gab es eine Attentatsdrohung, die sogar der Kaiser sehr ernst genommen hat.
Es muß einen diplomatischen Schriftwechsel mit dem englischen Hof geben. Unter anderen Umständen hätte ich gesagt, sie hat Asyl bekommen. Das mag zwar komisch klingen, aber da war etwas in dieser Richtung.

Die Gefahr scheint ja vorübergegangen zu sein, denn die Tochter kam eines Tages in das heiratsfähige Alter.

Weitere Stichworte zu Valerie

Valeries Verlobung mit Erzherzog Franz Salvator wurde offiziell am Weihnachtsabend des Jahres 1888 bekanntgegeben. Rudolf und seine Frau kamen zu dem Familiendiner. Doch Valeries Heirat mit Erzherzog Franz Salvator mußte in der Folge zweimal verschoben werden: Wegen des schlechten Gesundheitszustandes von Sisi und des Freitodes von Rudolf konnte man erst am 31. Juli 1890 in Ischl die Hochzeit feiern.
Bei dieser Feier war die Kaiserin sehr bedrückt und erschreckte ihre Tochter angeblich mit den Worten: »Ich kann nicht begreifen, wie man sich die Ehe so sehr wünschen und sich so viel Gutes davon erwarten kann. Die Ehe ist eine widersinnige Einrichtung. Als 15jähriges Kind wird man verkauft und tut einen Schwur, den man nicht versteht und nie mehr lösen kann«.*

Astroanalyse des Verhältnisses Sisi–Kinder

Wie sieht der Astrologe die Kaiserin Sisi und ihre Kinder?

- ✧ *Sonne–Mond–Saturn zum 5. Haus: drei Kinder,*
- ✧ *Bezug zum 11. Haus; 11. und 5. Haus: plötzliche Geburt oder auch ungewollte Schwangerschaft,*
- ✧ *Bezug zu Neptun: Fehlgeburt oder auch Geburtsvortäuschung.*

Auch bei dem Ehemann haben wir diesen Aspekt: »unerwünschtes Kind, unerwünschte Kinder«.

* Dieser Ausspruch spielt im Zusammenhang mit dem Doppelgelübde (siehe Kap. XV) noch eine Rolle.

Insgesamt gesehen sind die Kinder weniger Schicksalsverursacher für die Eltern als umgekehrt – beim Sohn ist es ganz deutlich die Mutter.

Geburtshoroskop von Kronprinz Rudolf

Sonne, Neptun und aufsteigender Mondknoten:

- *Er kam nie klar mit Vater und Mutter.*
- *Kein inniges Verhältnis zu den Eltern, eher sehr weit auseinander.*
- *Die Mutter hatte einen großen Einfluß.*

Er flüchtete in Träume. Er spürte die Absichten von Menschen sehr empfindlich, sehr leicht zu verletzen.

IX

Flucht in Krankheiten?

✧

Der Vollständigkeit halber führe ich hier einige Stichworte zu Krankheiten oder anderen medizinisch bedenklichen Abweichungen in der Biographie bzw. im Horoskop der Kaiserin auf, die anschließend mit den Astro- und PSI-Experten analysiert werden.

Stichworte zu diesem Themenkomplex

Ernährungsstörung zu Beginn der Ehe

Ähnlich wie Lady Diana Spencer reagierte die junge Kaiserin Sisi auf ihre Eheprobleme mit Ernährungsstörungen. So wird berichtet, daß sie sich, als der Kaiser in Ungarn weilte, weigerte, Nahrung zu sich zu nehmen, und sogar von Selbstmord sprach.

Eitelkeit/Figur

Aus dem Horoskop geht hervor, daß sich Sisis Eitelkeit in der ersten Lebenshälfte auf Körperliches bezog, auf eine bestimmte Figur, und sich hier wohl auf die Körperpartien Hüften/Oberschenkel konzentrierte. Ihre Idealvorstellung muß es gewesen sein, nicht das Weibliche ihres Körpers zu betonen, sondern mit den Reizen einer knabenhaften Frau mit leicht sportlicher Figur zu kokettieren.

Chronische Eßstörungen

Im Lauf der Jahre wurde Sisi immer reizbarer und trübsinniger. Sie litt unter einem nervösen Husten. Alle Ermahnungen ihrer Mutter, sie sei »so dürr wie eine Bohnenstange« und müsse »regelmäßiger essen«, stießen bei ihr auf taube Ohren. Ein Besuch ihrer Schwester Helene, die nach der Geburt ihres ersten Sohnes rundlich und matronenhaft aussah, soll Elisabeth nur noch in ihrem Willen bestärkt haben, weiterhin auf ihre gertengleiche, schlanke Figur zu achten. Mit Sorge erkannte man in ihrer Umgebung, daß ihre Abmagerungskuren zur Manie wurden.

Eine Geschlechtskrankheit?

Monatelang hatte Sisi an Handgelenken und Knien eigenartige Schwellungen. Diese waren nicht nur schmerzhaft, sondern sahen auch unschön aus. Angeblich suchte sie, verschleiert und unter einem angenommenen Namen, einen Wiener Arzt auf, der sie nicht erkannte und eine unangenehme und ansteckende Krankheit diagnostizierte.

Diese Krankheit wurde zum großen Problem für die Eheleute. Sisi scheint verbreitet zu haben, daß der Kaiser sie angesteckt habe, aber eine solche Erkrankung Franz Josephs ist nirgends dokumentiert.

Hatte sie sich also bei einem Dritten angesteckt?

Das könnte auch die wilde Hysterie erklären, die Sisi schließlich zur Flucht aus Wien trieb. Der Wiener Klatsch sah darin eher eine Bestätigung für die Schuld des Kaisers – ein Zeichen der »Nachsicht, Ritterlichkeit und Großzügigkeit einer Frau gegenüber, die in den Augen der Welt ihre Pflichten vernachlässigte, der gegenüber er aber eine Schuld auf sich geladen hatte, die er niemals tilgen konnte«.

Astro- und PSI-Analyse möglicher Krankheiten

Die Astroanalyse ergab weder beim Kaiser noch bei der Kaiserin ernsthafte Krankheiten des Unterleibs.
Der entsprechende Protokollausschnitt bei der PSI-Analyse:

Hat der Kaiser unter einer Geschlechtskrankheit gelitten?

Das sehe ich nicht. Nein, da ist etwas mit dem Magen ... und eine Schwäche in den Lungen. Nein, keine Geschlechtskrankheit.

Und Sisi?

Nein, nichts.

X

Machtkämpfe bei Hofe

✧

Stichworte zu diesem Themenkomplex

Trotz ihres kindlichen Wesens und ihrer Undiszipliniertheit war sich Elisabeth von Anfang an ihrer hohen Stellung durchaus bewußt – besonders dann, wenn sie argwöhnte, daß man ihr nicht die gebührende Aufmerksamkeit widme. Alle, die sich daran gewöhnt hatten, in der Erzherzogin Sophia die allmächtige Herrin des Hofes zu sehen, wurden von der neuen Kaiserin mit eisiger Arroganz behandelt.

Sisis besondere Abneigung galt dem Grafen Günne, dem Generaladjutanten des Kaisers. Sie hatte keinerlei Vertraute am Kaiserhof; nicht einmal mit den nächsten Angehörigen ihres Mannes konnte sie offener sprechen, denn diese empfanden Franz Joseph gegenüber so große Ehrfurcht, daß sie auch in Elisabeths Gegenwart gehemmt und reserviert waren.

PSI-Analyse der höfischen Kabale

Man sagt, daß sowohl Sisis Mutter als auch die Schwiegermutter plötzlich sehr gereizt mit ihr umgingen.

Was ich sehe, ist, daß ihre Mutter immer mitreden wollte. Die Mutter wollte, daß sie bzw. ihre Familie durch Sisi aufgewertet wird. Die

Tochter wollte das nicht. Sisi hatte damit ein großes Problem. Und die Mutter machte ständig Druck.
Vor allem fällt mir auf, daß es ständig Krach um die Reihenfolge gibt, wie und wo der Kaiser, Sisi und die Schwiegereltern stehen, wenn sie gemeinsam auftreten. Ein ganz wichtiger Punkt. Es gab immer Theater um solche Fragen der Rangordnung.

Das verstehe ich nicht.

Den Schwiegereltern hat die Reihenfolge irgendwie nicht gepaßt. Deswegen hat es mehr Streit gegeben als wegen der Kinder.

Man sagt, daß Sisi von allen Seiten bespitzelt worden sei.

Ja, da war etwas. Sie muß große Schwierigkeiten mit Spitzeln gehabt haben. Ihr eifersüchtiger Mann hat sie ihr wohl auf den Hals gehetzt. Nicht um sie zu beschützen, sondern um sie zu beobachten.
Hey, sie hatte schon sehr bald Amüsements mit Nobodys. Ihr Mann war sauer deswegen, und er hatte kein richtiges Vertrauen in Sisi.

Man sagt, seine Mutter habe dahintergesteckt, sie habe veranlaßt, daß Sisi bespitzelt wurde.

Warte ... Sie wurde von drei Gruppen bespitzelt: erstens von der Geheimpolizei ihres Mannes, des Kaisers. Da sehe ich eine Frau und Männer. Es könnten aber auch so etwas wie heute die Sicherheitsleute sein. Zweitens von einer politischen Gruppe. Die Fragen und die Antworten blieben im Haus ...

Da könnte die Schwiegermutter dahinterstecken.

Möglich. Und sie wurde ... schau mal an ... von der Kirche bespitzelt.

Was hatte die Kirche denn für ein Interesse an so einer jungen Göre? Politik, nehme ich an?

Schau an, schau an, die beiden haben zwar nach außen optisch auf Liebe gemacht, aber sie muß ihre Pflichten vernachlässigt haben. Wichtiger war ihr das Amüsement. Sie hat sich nicht um das Volk gekümmert. Sie hat weder das Volk noch die Nation repräsentiert, sondern nur sich selbst.
Da wollte die Kirche Einfluß nehmen. Da muß es Leute in seiner Umgebung gegeben haben, die eine Katastrophe heraufziehen sahen, würde ich sagen.

Wie kommst du auf die Kirche?

Weil ich einen Mann sehe, in einer Art Kutte, mit einer Bauchbinde und einem Hut, wie man ihn nur bei Geistlichen sieht. Neben diesem Mann ist noch eine Frau, eine Nonne.
Ich bin immer noch bei der Gruppe. Ich habe den Eindruck, die wollten Sisi schon in den ersten Jahren wieder entfernen.
Das ist ja eine sehr merkwürdige Situation: Der Geheimdienst des Kaisers bespitzelt Sisi und schützt sie zugleich vor denjenigen, die sie entfernen wollen. Das ist ja geradezu filmreif.

Das Verhältnis zwischen Erzherzogin Sophia und ihrer Schwiegertochter Sisi

Stichworte zu diesem Themenkomplex

Für die Erzherzogin war Elisabeth nichts als ein verwöhntes, eigensinniges Kind, dessen Liebreiz sie uneingeschränkt anerkannte, das aber ihrer Ansicht nach um seiner selbst willen lernen mußte, sich in die bestehende Ordnung zu fügen. Wie sie nachdrücklich erklärte, zieme sich vieles von dem, was in Possenhofen erlaubt war, durchaus nicht in einem kaiserlichen Palast. So gab es am Wiener Hof ständig Reibereien zwischen ihr und Sisi.

PSI-Analyse

Noch einmal zurück zum Verhältnis Schwiegermutter–Sisi. Was lief da ab?

Ein totaler Krieg. O Gott, laufen da Gefühle ab ... Sisi hat sie gehaßt. Jetzt muß ich mal nachsehen, was die Ursache, der Anlaß war ... Also grundsätzlich – zeig mir mal, wo es ein tolles Verhältnis zwischen Schwiegermutter und Schwiegertochter gibt.

Das ist eher die Ausnahme.

Hm, das hat nichts mit der Schwiegermutter zu tun. Das hat etwas mit ihrer Mutter zu tun gehabt. Sisi hat der Schwiegermutter alles das zurückgegeben, was sie eigentlich der Mutter aufs Konto einzahlen wollte.

Wie hätte das Problem gelöst werden können?

Indem man in der Umgebung von Sisi nur gleichaltrige oder jüngere Frauen, also Schwesternsymbole, positioniert hätte. Keine Muttersymbole.

Sisi war, soweit ich weiß, von zu vielen alten Frauen umgeben.

Na ja, in denen wird sie die Mutter gesehen haben.

Stichworte zu diesem Lebensabschnitt

Nach einigen Ehejahren erfuhr Elisabeth, daß sich ihr kaiserlicher Gemahl für eine polnische Schönheit interessiere, die er schon vor ihrer Heirat gekannt hatte.
Eine der Hofdamen schreibt hierzu später: »Für eine junge Frau, die seit ihrem sechzehnten Geburtstag stets nur Loblieder auf ihre göttliche Schönheit gehört hatte, war es sicherlich ein schwerer Schlag, plötzlich zu entdecken, daß ihr Mann dieser Anbetung überdrüssig zu werden begann. Sie muß tief gekränkt und erzürnt gewesen sein, und es ist keineswegs ausgeschlossen, daß ihr vollständiger körperlicher und seelischer Zusammenbruch im Herbst 1860 durch das Wissen um die Untreue ihres Gatten herbeigeführt wurde.«

Astroanalyse

Wie ist es aus Sicht des Astrologen zum Bruch zwischen Sisi und dem Kaiser gekommen?

Diese Entwicklung deckt sich grob mit der Situation, die durch die laufenden Aspekte in beiden Horoskopen ausgelöst wurde. In beiden Horoskopen haben wir diesen Pluto-Bezug, der eine chaotische Verbindung ankündigt.

PSI-Analyse

Hatte der Kaiser Nebenfrauen?

Ja, nicht nur eine. Aber es waren mehr vorübergehende Liebschaften als Daueraffären.

Ich meine, ziemlich am Anfang der Ehe.

Es gab da einen Ehrenkodex ... Warte mal, das hängt mit seinen Offizieren zusammen. Da waren welche, die haben von ihm erwartet, daß er Ehemann, aber auch Mann ist. Er hat damit aber wieder aufgehört.

Kannst du sehen, weshalb?

Nein, da gab es keinen Anlaß, der war eigentlich nicht so.

Sisi arrangiert sich mit ihrem Mann

Stichworte zu diesem Lebensabschnitt

In den Aufzeichnungen der Hofdamen heißt es: »Elf Jahre Ehe hatten Elisabeth zu der Einsicht gebracht, daß der so bürokratische Kaiser sich nur von der Macht des geschriebenen Wortes beeindrucken ließ.«
Mit 28 Jahren schrieb sie dem Kaiser einen formellen, kühl formulierten Brief, in dem sie die Bedingungen erläuterte, unter denen sie bei ihm zu bleiben bereit war:
»Ich wünsche, daß mir vorbehalten bleibe unumschränkte Vollmacht in allem, was die Kinder betrifft, die Wahl ihrer Umgebung, den Ort ihres Aufenthaltes, die komplette Leitung ihrer Erziehung, mit einem Wort, alles bleibt mir ganz allein zu bestimmen, bis zum Moment ihrer Volljährigkeit.«
Und sie fügte hinzu: »Ferner wünsche ich, daß, was immer meine persönlichen Angelegenheiten betrifft, wie unter anderem die Wahl meiner Umgebung und den Ort meines Aufenthaltes, mir allein zu bestimmen vorbehalten bleibt.«

Anscheinend ging Franz Joseph auf dieses Ultimatum nicht ein. Dennoch muß es ein Arrangement zwischen den Eheleuten gegeben haben: Sie ging ihres Weges; er blieb in Wien.
1873 kam Sisi in die Hauptstadt zurück, um endlich die Pflichten wahrzunehmen, die sie so lange vernachlässigt hatte. In Phasen, in denen sie sich während dieser Zeit krank fühlte, schloß sie sich völlig ab und ließ selbst den Kaiser nicht zu sich, oder sie verbarg sich in den entlegensten Lauben und Sommerhäusern des Parks von Schönbrunn. Dieses eigenartige Verhalten wurde von den Wienern so gedeutet, wie es bei einer Frau Mitte Dreißig nahelag: »Man glaubte«, so wurde gemunkelt, »sie verstecke sich, weil sie etwas zu verbergen habe.«

Astroanalyse

Wie ist denn nun die Ehe aufgrund des Horoskops von Sisi zu beurteilen?

Heftig, verwirrend, chaotisch:
Im 7. Haus, also dem Ehehaus, steht Pluto: Die Ehe oder die Ehen werden bei einem solchen Horoskopeigner – ohne Ausnahme – aufregend und unruhig, es sei denn, der Betreffende geht ins Kloster, aber selbst da ginge er ja eine »Ehe«, ein Versprechen, ein. Das Kloster hätte alle Hände voll zu tun, diesen Geist durch Gebete zu beruhigen oder zu zähmen.
Pluto im 7. Haus findet sich oft bei Menschen, die mit der Zahl ihrer Ehen in das Guinness-Buch der Rekorde *eingehen wollen. Hier bei uns in den Staaten haben wir ja solche Phänomene bei Filmschauspielerinnen und Kaufhauserbinnen gesehen.*
Im vorliegenden Beurteilungsfall wissen wir, daß es sich um eine Kaiserin handelt, die eine Verpflichtung gegenüber der Öffentlichkeit

hat, und daß sie sich von ihrem Kaiser nicht hat scheiden lassen. Also müssen wir folgern, daß da wohl viel unter Ausschluß der Öffentlichkeit gelaufen sein wird.

Pluto im 7. Haus ist nicht unbedingt ein Treueaspekt, sondern in der Regel eine Aussage in Richtung

- *Ehe in der Öffentlichkeit oder*
- *Öffentlichkeit der Ehe oder des Liebeslebens,*
- *Untreue in aller Öffentlichkeit.*

Ehe in der Öffentlichkeit kann man sich im vorliegenden Fall leicht vorstellen, denn das Kaiserpaar stand ja laufend im Rampenlicht, und die Hofschranzen dürften, auch wenn wir heute nichts mehr davon wissen, manches delikate Histörchen kolportiert haben.
Ehe oder Verbundensein in der Öffentlichkeit heißt, daß dieser Bund unter den Augen vieler Menschen der Umgebung gelebt werden muß. Man steht unter (kritischer) Beobachtung, und alles aus dieser Ehe kommt an die Öffentlichkeit. Das ist ein Aspekt, der Sisi – neben ihrer Eitelkeit – wohl schwer zu schaffen gemacht hat.
Sie neigte zur Geheimniskrämerei, das sieht man hier sehr deutlich, und sie neigte dazu, sich hinter einem Bild zu verstecken, das sie sich selbst vorgegeben hatte. Sie geriet immer dann in Panik, wenn die Öffentlichkeit sie anders sah, als sie es gern gewollt hätte.
Das galt auch für das Bild ihrer Ehe: Die Horoskopeignerin versuchte in der Öffentlichkeit ein bestimmtes Bild zu projizieren. Aus dem astrologischen Zyklus, in dem sie belogen und verleumdet wurde, kam sie nun in die aktive Phase, in der sie wen auch immer zu täuschen versuchte.
Da wir wissen, daß es sich um das Horoskop einer Kaiserin handelt, kann man zusammenfassend sagen:

- *eine Ehe in der Öffentlichkeit,*
- *sehr unruhig,*
- *durch die Öffentlichkeit bestimmt,*
- *mit der Tendenz zu Abenteuern, von denen niemand etwas wissen durfte.*

PSI-Analyse

Der Kaiser soll ja auch einige Liebschaften gehabt haben.

Ich sehe da hauptsächlich ... ich würde sagen, in jüngeren Jahren ... sehr schlanke Mädchen, sie könnten vom Ballett sein oder sehr junge Dienstmädchen. Da ist auch irgend etwas mit Oper, darum denke ich, daß das wohl Mädchen vom Ballett waren.

Er lebte ja nach Sisis Tod 1898 mit einer Schauspielerin zusammen. Hat er auch noch andere Kinder in die Welt gesetzt?

Das ist schwierig, da müßte ich mir seine Partnerinnen genauer ansehen. Wenn ich umgekehrt frage, ob er von einem Kind weiß, dann sehe ich keine. Also nein, ihm ist kein Kind bewußt.

Sisi ist oft ins Ausland gefahren und hat jedesmal das Haus vorher umbauen lassen. Was steckte dahinter?

Reine Ego-Motive: Das tat sie, um Macht zu demonstrieren. Sie wollte finanzielle Macht zeigen und den anderen vorführen, daß das, was vorhanden war, nicht gut genug für sie sei. Besondere Farben waren Blau und Grün für sie.

XI

Elisabeth als Politikerin

✧

Stichworte zu diesem Themenkomplex

Wer auf Sisi und die Politik anspielt, meint meist ihr Engagement für die Ungarn. Auch der Kaiserin war bewußt, daß Franz Joseph und seine Minister auf sie zählten, galt es doch, die Beziehung zu diesem Volk zu verbessern und dessen Loyalität zurückzugewinnen, ohne tiefgreifende Zugeständnisse zu machen.
Unter diesen Umständen kam es im Jahr 1867 entscheidend auf die Präsenz der Kaiserin in Budapest an: Man hoffte, daß ihre Schönheit die ritterlichen Ungarn zu einem freundlichen Empfang des Kaiserpaars veranlassen würde, während der Kaiser allein mit frostiger Aufnahme hätte rechnen müssen.
Vom ersten Tag an gewann Ungarn Elisabeths Herz, eine Zuneigung, die auf Gegenseitigkeit beruhte. Sisi stellte fest, daß ihr Mann für die Probleme der deutschen und slawischen Bewohner von Preßburg und Kaschau viel aufgeschlossener war als für die Schwierigkeiten der stolzeren, weniger fügsamen Magyaren, als deren Fürsprecherin sie sich fühlte. Doch der Kaiser befolgte nur bedingt die Empfehlungen seiner Frau. Es wird berichtet, daß er alle ihre Argumente anhörte, aber seine Entscheidungen nicht mit Sisi zusammen fällte.

Astroanalyse der Politikerin Sisi

Wie harmonierten die beiden als Kaiserpaar, als Politiker und Regenten?

Sie hat Merkur–Mars (spitze Zunge) in ihrem Grundhoroskop, er hat Merkur–Mars zum Neptun: Er ließ sich bei seinen Entscheidungen nicht in die Karten sehen.
Wenn sie sich nicht durchsetzen konnte, muß sie eine fanatische Kritikerin, übereifrige Rednerin, scharfe Analytikerin gewesen sein. Ich würde sagen, ihr Mann mußte schwere Angriffe erdulden.
Die beiden konnten nicht zusammenarbeiten.

Die Lösung des Problems kennen wir ja aus anderen Analysen: Sie versuchte durch häufige Abwesenheit dem Konflikt mit ihm aus dem Weg zu gehen.

Sisi hatte einen sehr starken Merkur-Mars-Bezug im Steinbock: Was sie wollte, wollte sie eben, dagegen konnte er nichts machen.
Mondknoten und Pluto stehen im 8. Haus: Sie hat gemacht, was sie wollte. Franz Joseph konnte ihr über den Mund fahren mit Pluto im Quadrat Merkur–Mars, mehr aber nicht.

PSI-Analyse der Politikerin

Kannst du etwas dazu sagen, ob Sisi auf die Politik Österreichs Einfluß genommen hat oder nehmen konnte?

Ich sehe, wenn ich die Zeitschiene durchfahre, daß es in ihrer Zeit eine Absprache, Planung oder Zukunftsvision mehrerer Könige, Kaiser, also

Gleichgestellter, gegeben haben muß. Diese Leute haben versucht, sich zusammenzutun, etwa so, wie wir es heute in der UNO haben, um die strittigen Sachen zu regeln. Aber die konnten nie eine Einigung erzielen.

Weshalb nicht?

Es sind ganz offensichtlich die Kirchen, weil die eine ganz andere Sache haben wollten. Die Kirchen wollten, daß die Fragen offenbleiben.

Warum?

Wenn das überall offen ist, hat die Kirche mehr Einfluß. Ich sehe eine Situation, ein Bild: Die einen versuchten, von oben eine geschlossene Einheit zu bilden, die anderen haben von unten geschürt.
Da ist noch ein anderes Problem. Da muß es eine Auseinandersetzung gegeben haben, eine ganz starke, und zwar mit dem Papst und der Kirche. Da muß irgendwas gewesen sein. Die hatten Aufzeichnungen über eine andere Gebietsaufteilung, und die Kaiser und Könige hatten sich schon geeinigt über bestimmte Gebiete, und das hat dem Papst nicht gepaßt.

XII

Sisis Fluchten aus der Ehe

✧

Stichworte zu diesem Lebensabschnitt

Der Gedanke, daß Franz Joseph sich von ihr abgewendet habe, verfolgte Sisi. Im Sommer 1859 machte sie noch den Eindruck, als ob sie ihren Gemahl liebe. Aber keine anderthalb Jahre später war sie bereits auf der Flucht, getrieben von dem einzigen Wunsch, sich möglichst weit von Franz Joseph, seinem Land und seinem Hof zu entfernen.

Die Krise

Was hat sich in jenen Monaten ereignet, das aus einer gesunden, liebevollen Ehefrau, die sich monatelang um ihren fernen Gatten ängstigte, ein gequältes hysterisches Wesen machte, das sich an einem möglichst entlegenen Ort vor der Welt verstecken wollte? Die offizielle Begründung lautete, daß die Kaiserin von Schwindsucht bedroht sei; in den Berichten der Ärzte war von einer Lungeninfektion die Rede. Allerdings vermochte niemand im In- oder Ausland zu verstehen, warum eine kranke Frau mitten im Winter eine lange, anstrengende Seereise nach Madeira auf sich nehmen sollte.

Flucht nach Madeira

Diese »unglückselige Reise«, wie die Erzherzogin die Fahrt der Kaiserin nannte, gab Anlaß zu allen möglichen widersprüchlichen Gerüchten. Man sprach davon, daß es zwischen der Kaiserin und ihrer Schwiegermutter zu stürmischen Szenen gekommen und der überarbeitete junge Kaiser vor diesen häuslichen Streitigkeiten in angenehmere Gesellschaft geflüchtet sei.

Unzweifelhaft muß jedoch in den 16 Monaten zwischen Juli 1859 und November 1860 etwas geschehen sein, das die Grundlagen ihres Ehelebens erschütterte.

Von einer Reise nach Warschau zurückgekehrt, fand der Kaiser seine Frau als Nervenbündel vor. Elisabeth hatte nur noch den Wunsch, »weg aus dem Lande, weit weg« zu gehen.

Die Fahrt von Antwerpen nach Madeira war stürmisch, und fast das gesamte Gefolge der Kaiserin wurde seekrank. Doch Sisis Leibarzt, der ebenso seekrank wie das übrige Gefolge war, stellte zu seiner Überraschung fest, daß die stürmische Überfahrt seiner Patientin weit besser als alle seine Arzneien bekam.

Der Liebhaber auf Madeira

Zu Elisabeths Gefolge gehörte unter anderem Graf Imry Hunyady, ein blauäugiger Stallmeister, der sie in der ungarischen Sprache unterrichtete. Der Sprachunterricht, der in dem etwas abseits liegenden Sommerhaus auf Madeira stattfand, sowie die Stunden, die Elisabeth gedankenverloren an einer Balustrade am Rand der Klippen lehnte und, den stumm sie anbetenden Hunyady neben sich, die im alten Hafen Pontinha nistenden Seevögel beobachtete, gaben zu allen möglichen Gerüchten Anlaß.

Böse Zungen verbreiteten, die Kaiserin tröste sich mit dem Stallmeister über die Untreue ihres Gatten hinweg. Es ist möglich, daß der Kaiser nichts von diesen Gerüchten erfuhr; jedoch dauerte es nicht lange, bis Graf Hunyady zu seinem Regiment zurückbeordert wurde.

In Elisabeths Leben sollte der junge Ungar in der Folgezeit keine Rolle mehr spielen. Auch Madeira hatte den Reiz des Neuen für sie verloren. Der ewige Sonnenschein und die tropischen Blüten langweilten sie.

Flucht nach Ungarn

Als ihr eigentliches Zuhause betrachtete die Kaiserin Schloß Gödöllö, welches die Ungarn anläßlich der Krönung ihrem König und ihrer Königin geschenkt hatten. Dort empfing sie den kleinen Kreis der Auserwählten, die sie als Freunde ansah. Zum Verdruß der Österreicher verbrachte Sisi die meiste Zeit des Jahres dort und hielt sich immer nur kurz in Wien auf. Auch nahmen es die Österreicher der Kaiserin sehr übel, daß sie sich ausschließlich mit Ungarn umgab, was man dem »verderblichen« Einfluß des ungarischen Premierministers Graf Julius Andrassy zuschrieb.

Inzwischen war in Gödöllö die Fuchsjagd nach englischem Vorbild eingeführt worden, und Elisabeth verbrachte fast den ganzen Tag im Sattel, umgeben von einem Kreis ausgezeichneter Reiter, darunter einige der schönsten Männer Europas.

PSI-Analyse der Fluchten nach Ungarn

Einige Gerüchte besagen, daß Sisis Reisen weniger der Gesundheit wegen und mehr der Lebenslust halber unternommen wurden. Wie sieht das in der PSI-Analyse aus? Reiste Sisi ohne besonderen Grund, oder hatte sie einen Liebhaber in Budapest?

Ich sehe mindestens acht Mann, die ihr den Hof gemacht haben. Sie hat diese Situation reichlich ausgenutzt. Auch, daß sie so wichtig war. Mir fällt auf, daß sie am Anfang der Beziehung mit dem Kaiser häufig alleine ist. Sie hatte viel Zeit, um sich zu amüsieren, während er sich um die Regierungsgeschäfte kümmern mußte. Aber damit hatte sie nicht soviel im Sinn.
Sie war ständig zu ihrer Unterhaltung unterwegs und hatte viel Unsinn im Kopf. Ihr Problem war, daß sie zwar Frau Kaiserin war, aber im Prinzip, sobald er dabei war, ein Niemand. Sie hatte also ein krankhaftes Darstellungsproblem.

Zurück zu der Fahrt nach Budapest. Nach einigen Überlieferungen ging es ihr darum, ihrer Tochter Valerie den Ungarn zu zeigen. War das der eigentliche Reisegrund?

Da war Jagdsaison. Sie muß dahin gefahren sein, weil da einmal die Jagdsaison und einmal irgendein Fest – kein Ball – stattfand, wo sie sich zeigen wollte.
Da ist irgend etwas mit einer Garde. Und etwas mit großen Kutschen, die prunkvoll vorfahren. Sie will den Schein wahren. Ich habe da so einen Typ im Bild ...

Die waren alle gut gebaut und immer in Uniform.

Also, ich habe nur einen einzigen. Nicht in Uniform, sondern in einem dunklen, langen Frack, einer Art Mantel. Die anderen haben alle Uniform an. Der Typ muß dünn sein, schlank, und einen Gutshof haben, den er von seinem Vater geerbt hat.

Er ist aber keiner von Rang und Namen. Die beiden sind sich als Kinder schon einmal begegnet. Da war was zwischen den beiden.

Sie hatte zeitlebens ein großes Faible für Ungarn.

Das kommt auch durch die Landschaft. Sie liebt hügeliges Land. Berge. Und sie mag gerne jagen, Hetzjagden, weil da viele Männer und wenig Frauen dabei sind. Sie mochte es, wenn die Männer um sie herum waren und zu ihr aufsahen.
Ich kann nur sagen, in der zweiten Lebenshälfte war sie ständig zu ihrer Unterhaltung unterwegs und hatte viel Unsinn im Kopf, so als ob sie ihre Jugend nachholen wollte. Sie entwickelte sich, würde ich sagen, zu einer Romantikerin und dann zu einer Pessimistin.

Graf Andrassy, der ungarische Liebhaber

Stichworte zu diesem Lebensabschnitt

Zum Gefolge der Kaiserin gehörte auch eine junge Ungarin, angeblich ein »einfaches« Mädchen, das infolge seiner bescheidenen Herkunft nicht Hofdame werden durfte. Seltsamerweise war diese junge Frau gleichwohl mit den beiden führenden ungarischen Politikern jener Zeit befreundet: Rechtsanwalt Franz Deak und Graf Julius Andrassy, die nur durch Zufall 1849 dem Henker entgangen und nach langen Jahren im Exil in ihre Heimat zurückgekehrt waren, wo Andrassy zu einem der maßgeblichen Architekten der Doppelmonarchie und zum mächtigsten Mann Budapests aufsteigen sollte.
Beide hatten erkannt, daß Ungarn ohne die Hilfe Österreichs wirtschaftlich nicht bestehen konnte, und strebten daher eine

Verständigung mit dem Kaiser an. Als Ausgangspunkte dafür betrachteten sie die Wiederherstellung der historischen Rechte Ungarns und die Schaffung einer österreichisch-ungarischen Monarchie, in der beide Völker zum gemeinsamen Wohl zusammengeschlossen sein, ihre jeweilige Selbständigkeit jedoch bewahren sollten.

Die Zugeständnisse, die der Kaiser Ungarn gemacht hatte, waren weitgehend dem wachsenden Einfluß der Kaiserin zu verdanken, die sich mehr und mehr in die Ungarnpolitik einmischte.

Durch jene »einfache« Ungarin erfuhr Andrassy von Elisabeths Eintreten für die ungarische Sache und von dem Eifer, mit dem die Kaiserin Ungarisch lernte. Elisabeth und der Graf, so munkelte man, waren bereits ein wenig ineinander verliebt, ehe sie sich persönlich kennenlernten.

Anfang Januar 1866 kam eine Delegation nach Wien, um die künftige Königin von Ungarn nach Budapest einzuladen. Ursprünglich sollte diese Einladung an Elisabeths Geburtstag vorgebracht werden, aber die Delegation hatte den Termin verschieben müssen, da die Kaiserin erkrankt war.

Ohne die Zustimmung Franz Josephs abzuwarten, fuhr Elisabeth in einem neuerlichen Anfall von Panik Hals über Kopf nach München, um Dr. Fischer, den Arzt der Familie, zu konsultieren. Daß sie so plötzlich aufbrach und über Weihnachten fortblieb, gab Anlaß zu boshaften Kommentaren: War ihre Krankheit so geheim, daß sie sich nur ihrem alten Hausarzt anvertrauen konnte, oder war dies bloß ein Vorwand, um den jungen König von Bayern wiederzusehen, mit dem sie angeblich so innig befreundet war?

Dr. Fischer scheint Elisabeth über ihren Gesundheitszustand beruhigt zu haben: Schon zu Silvester war sie wieder in Wien.

Kaum eine Woche später empfing die strahlend schöne Kaiserin,

die sich offensichtlich bester Gesundheit erfreute, die ungarische Abordnung im Rittersaal der Hofburg. Dies war ihr erstes Auftreten in der Öffentlichkeit seit ihrer Rückkehr – und durchaus nicht dazu angetan, die Wiener versöhnlicher zu stimmen.
Der Delegation, an deren Spitze der Kardinalprimas von Ungarn stand, gehörten Vertreter der gesamten ungarischen Hocharistokratie an. Überwiegend waren es groß gewachsene, schöne Männer, aber unter ihnen fiel Graf Julius Andrassy dennoch besonders auf. Als Elisabeth in ungarischer Nationaltracht den Saal betrat, sah er sie mit so unverhohlener Bewunderung an, daß sie errötete.
Drei Wochen später weilten Franz Joseph und Elisabeth in Budapest, nicht als Kaiser und Kaiserin von Österreich, sondern als erbliches Königspaar von Ungarn, das noch vom ungarischen Volk aus freiem Willen gekrönt werden mußte.
Elisabeth hatte sich mittlerweile so stark mit den ungarischen Interessen identifiziert, daß sie mit den Österreichern ihres Gefolges kaum mehr deutsch sprach und kein Hehl daraus machte, daß sie sich in der Gesellschaft des Grafen Andrassy am wohlsten fühlte. Wie es um die Ehe des Kaisers bestellt war, wußte Andrassy durch die ungarische Hofdame Gräfin Ida Ferenczy. So erfuhr er beispielsweise, daß die Ehegatten völlig getrennt lebten und Elisabeth keinesfalls noch ein Kind bekommen wollte.
Doch was immer der ungarische Graf für die Kaiserin empfunden haben mag: In erster Linie war er Patriot, und eines der größten Opfer, die er seinem Vaterland brachte, bestand darin, daß er die ungarische Hofdame anwies, die Kaiserin mit allen Mitteln zu überreden, damit sie dem Kaiser vergab und ihm – und der neuen Doppelmonarchie – noch ein Kind schenkte.

Sisi in England

Nach der Geburt ihres vierten Kindes begann sich die Kaiserin für England zu interessieren. Als Gast des Herzogs von Ruthand nahm sie in Belvoir an der ersten Fuchsjagd der Saison teil.
»Was ist mit der Kaiserin, wie komme ich dazu, auf sie achtzugeben? Ich werde es ja tun, aber ich würde es vorziehen, meinen eigenen Weg zu reiten.« Mit dieser nicht sonderlich höflichen Äußerung nahm Captain George Middleton – genannt Bay – Lord Spencers Vorschlag an, der Kaiserin von Österreich bei ihrer ersten Jagdsaison in England als Führer zu dienen.
Während ihres Besuchs in England standen Sisi mehrere Jagdführer zur Verfügung, aber keiner von ihnen konnte es mit Bay Middleton aufnehmen, der ihre Zuneigung schon bei ihrer ersten Begegnung gewonnen zu haben scheint.
Bay Middleton wurde auch zu einem Aufenthalt nach Schloß Gödöllö eingeladen – was wiederum viel Rätselraten und manche Gerüchte hervorrief. Was hatte ein unbekannter junger Offizier ohne Rang und Titel in Gödöllö zu suchen? Für jeden außer dem Kaiser stand fest, daß die Kaiserin in den englischen Captain verliebt war.

PSI-Analyse der englischen Amouren

Sisi war auch in England.

Ja, da muß es einen Mann gegeben haben …

Einen Offizier?

Nein, das muß ein Künstler gewesen sein. Ein Mann ohne richtigen Beruf. Der muß Bilder gemalt haben, da muß es ein Bild von ihr geben, ein Bild, das er von ihr gemalt hat.

Zwischen diesen beiden lief etwas ab. Aber einen Soldaten? Daß sie mit einem Offizier eine Affäre gehabt hätte, kann ich nicht sehen.

Der letzte Verehrer

Stichworte zu diesem Lebensabschnitt

Auf der Insel Korfu erfüllte sich Sisi einen Herzenswunsch: Persönlich plante und überwachte sie den Bau ihres Achilleions auf der griechischen Insel. Diese Tätigkeit verminderte ihre Ruhelosigkeit jedoch in keiner Weise: Stets brach sie schon nach wenigen Wochen wieder mit unbekanntem Ziel von Korfu auf. Einen Winter verbrachte sie in Spanien, den nächsten in Ägypten.
In Ägypten lernte die Kaiserin Frederick Barker kennen. Das blendende Aussehen des jungen Mannes und seine Sprachbegabung machten großen Eindruck auf sie, und obwohl sie sich nur eine halbe Stunde mit ihm unterhalten hatte, lud sie ihn im Jahr darauf ein, sie auf einer zweimonatigen Reise zu begleiten. Aus zwei Monaten wurden 13, und drei Jahre später wurde Barker Vorleser und Griechischlehrer der Kaiserin.
Während der folgenden Jahre zog sie mit ihm kreuz und quer durch Europa und Nordafrika. Ihre lange Abwesenheit gab Anlaß zu den wildesten Vermutungen, die schließlich auch dem Kaiser zu Ohren kamen. Diese Gerüchte, die ihn an einem besonders wunden Punkt trafen, waren nicht nur für ihn persönlich schmerzlich, sondern schadeten auch dem Ruf des Kaiserhauses. Deshalb sandte er Anfang August den Grafen Günne nach Korfu, der die Kaiserin überreden sollte, wenn nicht nach Wien, so doch zumindest nach Österreich zurückzukehren.
Aber anstatt Sisi im Sinn des Regenten umzustimmen, scheint der

kaiserliche Generaladjutant sie in einen Zustand der Hysterie versetzt zu haben: Sie beschuldigte ihn, er habe ihre Ehe zu unterminieren versucht, indem er dem Kaiser Frauen zugeführt habe, denen Franz Joseph sonst niemals begegnet wäre.

XIII

Der mysteriöse Freitod des Kronprinzen

✧

Stichworte zu diesem tragischen Ereignis

Am Vormittag des 30. Januar 1889, einem Mittwoch, als Elisabeth gerade Griechischstunde hatte, klopfte Ida Ferenczy, die als einzige Hofdame der Kaiserin das Recht hatte, unangemeldet ihre Gemächer zu betreten, an die Tür ihres Zimmers. Mit halberstickter Stimme bat sie ihre Herrin, Baron Nopcsa zu empfangen, da der Obersthofmeister eine höchst wichtige Nachricht zu überbringen habe.

Die Kaiserin, der ihr Lehrer eben aus Homer vorlas, erwiderte, verärgert über die Störung, der Baron solle warten. Aber nun konnte sich Ida nicht mehr beherrschen und sagte schluchzend, Ihre Majestät müsse Nopcsa sofort empfangen, da er »schlechte, wichtige Nachricht von Seiner Kaiserlichen Hoheit dem Kronprinzen« bringe.

Als Baron Nopcsa ihr den Tod des Sohnes meldete, saß Elisabeth hemmungslos schluchzend da.

Niemand weiß, was sie darauf zu Franz Joseph gesagt hat. Beide scheinen geglaubt zu haben, daß Rudolfs Geliebte, Baronesse Mary Vetsera, ihn vergiftet habe, und beide waren zunächst gewillt, einen so schmählichen Tod vor der Welt geheimzuhalten.

Erst jetzt wurde ihr bewußt, wie wenig sie ihren Sohn gekannt hatte.
Als sie ihrer Tochter Valerie Rudolfs Tod mitteilte, war deren erste Reaktion: »Hat er sich umgebracht?«
Heftig widersprach sie: »Nein, nein, es scheint so wahrscheinlich, so sicher, daß ihm das Mädchen Gift* gegeben hat.« Wie auch beim Tod des bayerischen Königs Ludwig II. weigerte sie sich, an die Möglichkeit eines Selbstmords zu glauben.

Heikle Verhandlungen mit dem Vatikan

Für Selbstmörder sah die Kirche keine Beerdigung auf geweihtem Boden vor. Mit Hilfe eines von fünf Ärzten unterzeichneten Gutachtens hoffte der Kaiser seinem Sohn dennoch ein kirchliches Begräbnis zu ermöglichen. Während Rudolfs Leichnam am frühen Donnerstag vormittag in die Hofburg gebracht, einbalsamiert und mit sorgfältig verbundenen Wunden aufgebahrt wurde, begannen schwierige Besprechungen mit dem Vatikan, wo sich Kardinal Rampolle, ein starrer Dogmatiker, entschieden gegen eine Beisetzung des Kronprinzen an geweihter Stätte aussprach.
Selbst der Hinweis, daß die Tat in einem Anfall geistiger Umnachtung begangen worden sei, vermochte den Kirchenfürsten nicht zu überzeugen, der, wie der österreichische Gesandte nach Wien schrieb, auf seinen Prinzipien reite. Als Papst Leo XIII. schließlich die Erlaubnis zur kirchlichen Beisetzung erteilte, blieb der Kardinal dem in Rom für den Kronprinzen abgehaltenen

* Von Rudolf ist bekannt, daß er Rauschgift nahm. Daher sollte man eher davon ausgehen, daß mit »Gift« nicht ein Tötungsmittel gemeint ist, sondern Rauschgift.

Requiem demonstrativ fern. Mit diesem Protest stand er keineswegs allein: In verschiedenen Tiroler Ortschaften weigerten sich die Pfarrer, für den Sohn des Kaisers eine Messe zu lesen.

Reaktionen der Eltern

In den ersten 24 Stunden zeigte Sisi eine bewundernswerte Selbstbeherrschung, dann aber brach sie völlig zusammen. Sie war so unendlich verzweifelt, daß ihre Umgebung um ihre geistige Gesundheit fürchtete.
Durch Rudolfs Tod, der ihm nicht nur das Herz gebrochen, sondern ihn auch in seinem Stolz getroffen hatte, war Franz Joseph über Nacht zum alten Mann geworden. Sein Schmerz äußerte sich in einer gewissen Reizbarkeit, für die Elisabeth keinerlei Verständnis aufzubringen vermochte.

Astroanalyse des Selbstmordes von Rudolf

Nach offizieller Lesart hat Rudolf Selbstmord begangen und vorher seine Geliebte Mary Vetsera erschossen.

Er war seit kurzem sehr in das Mädchen verliebt. Sie hatte Mars–Mond in Konjunktion, aber es hat nicht so geklappt, wie sie wollten:

- *Merkur–Sonne–Saturn: Der Vater, der Kaiser, stand dazwischen,*
- *Venus in Opposition zu Saturn: gehemmte Liebe,*
- *enges Verhältnis 5/6. Haus: Liebeskrankheit,*
- *Saturn–Mond: Vater und Mutter haben die Beziehung beide gehemmt, waren dagegen.*

So gesehen kann man da schon einen Liebeskummer-Aspekt erkennen. Übrigens, wenn das Mädchen nicht getötet worden wäre, hätte sie zwei Söhne bekommen.
MC, im Löwen steht Saturn: alles gehemmt, ganz plötzlich. Er plante keine Rebellion gegen den Vater.

Zum Freitod selbst: Neptun–Pluto–Uranus, das bedeutet:

- Katastrophen,
- Hang zum Ungewöhnlichen, Abenteuerlichen,
- überempfindliche Nerven,
- eigenartige Entwicklungen,
- eigenartige seelische Zustände, Selbstquälerei, Manien,
- Drang nach Genußgiften, Verworrenheit und
- schwerer Verlust (= Tod).

Hier ist ein beachtenswerter Komplex an astrologischen Informationen.

Uranus:

- Hang zum Ungewöhnlichen, Abenteuerlichen,
- überempfindliche Nerven,
- eigenartige Entdeckungen und Katastrophen,

Uranus im Quadrat zum Saturn:

- plötzlicher Tod,
- Eingriffe in das Schicksal.

Pluto:

- Schädigung durch höhere Gewalt,
- Auflehnung gegen das Schicksal.

Pluto–Neptun–Saturn zu Uranus–Saturn:

- *Beide lösen gleichzeitig Pluto aus.*

Saturn–Uranus–Pluto:

- *Gewalttätigkeit, Brutalität,*
- *eine schwierige Lage mit außergewöhnlicher Anstrengung überwinden wollen,*
- *Auflehnung gegen das Schicksal,*
- *Schädigung durch höhere Gewalt,*
- *Eigenwilligkeit, Zähigkeit,*
- *starke seelische Spannungen,*
- *sich gegen Bevormundung und Freiheitsbeschränkung wehren,*
- *Beunruhigung der Umwelt,*
- *Streit, Trennung,*
- *Gewaltanwendung,*
- *Eingriff in das Schicksal, ausgelöst durch Pluto.*

Daraus geht hervor, daß man Kronprinz Rudolf vielleicht festsetzen wollte. Daher sein Selbstmord als überschießende Reaktion.
Wir betrachten das Ganze ja auch unter dem Gesichtspunkt, ob es Parallelen zu Lady Diana Spencer gibt. Die junge Geliebte von Rudolf war in Istanbul geboren. War sie vielleicht Muslimin?

PSI-Analyse des Suizids von Kronprinz Rudolf

Ist der Sohn erschossen worden?

Also, ich sehe, daß er in arge Schwierigkeiten geraten war. Zum einen finanziell, zum anderen hatte er keine Anerkennung. Er war in eine

Position gedrückt worden, wo er nichts mehr war. Er hatte keine finanziellen Möglichkeiten, denn er hat wenig Geld bekommen.
Ich sehe, daß er sich erschossen hat. Er hat eine Schublade aufgemacht, eine Pistole genommen und sich damit erschossen.
Doch bevor er sich erschossen hat, kam jemand in das Zimmer herein und hat etwas gesagt. Ich kann aber nicht hören, was. Das war eine männliche Person.

Vielleicht der Kammerdiener?

Möglich, und der hat etwas gesagt. Hinter dem Kronprinzen war ein Fenster.

Hatte Rudolf gegen den Vater geputscht?

Wart einmal ... was war das denn? Die hatten eine Auseinandersetzung wegen Geld. Er hat den Sohn schlecht behandelt. Rudolf ist vom Vater unterdrückt worden.
Der Vater hätte es lieber gehabt, wenn eine der Töchter den Thron übernimmt. Aber der Mann der zweiten Tochter war unbrauchbar, deswegen wollte er solange wie möglich an der Macht bleiben.
Weißt du irgend etwas davon? Der Sohn hat einen Brief bekommen, das war der Hauptgrund, warum der Sohn Probleme hatte. Es ist eine Art Proklamation. Ich würde sagen, ein Entwurf.

Die Männer, die damals putschen wollten, waren Offiziere. Aber die wollten eine Art Republik ausrufen. Wer hätte nach dem Kaiser die Macht gehabt?

Der Kronprinz, würde ich sagen. Es ging um die Frage: Entweder das Reich bricht auseinander, oder der Sohn hätte es übernehmen müssen, um das Land in eine Republik zu führen.

Der Kaiser hatte ein Problem mit der Nachfolge. Deshalb wollte er irgendeinen Erlaß herausbringen. Ich sehe, wie sie ein neues Fundament schaffen, das die Adeligen anders einteilt, die einen hebt und die anderen in die Schranken weist. Er muß geplant haben, irgendeine Proklamation zu erlassen, und die hat sein Sohn gesehen.

Also noch einmal, ich habe es nicht verstanden: Wollte der Kronprinz eine Proklamation erlassen oder sein Vater?

Der Kaiser, sein Vater. Der Sohn hat ein Papier gesehen, das vom Vater stammt. Da ist aber noch eine andere Gruppe, die, würde ich sagen, putschen wollte.

Hatte da der Sohn die Finger im Spiel?

Nein, er selber hat damit nichts im Sinn gehabt. Was ich gesehen habe, waren Offiziere. So Gardetypen. Ohne Konzept.

Der Mann, der in das Schlafzimmer kam, was hat er gesagt? Hat ein Kriegsgerichtsprozeß gegen den Sohn stattgefunden?

Wart mal ... Der Typ hat sich in irgendeinem kleinen Gut erschossen? War nichts Großartiges?

Im Tal gelegen, ein Jagdschloß.

Der Sohn hatte sich zu dem Zeitpunkt dahin zurückgezogen. Einmal waren da neue Gesetzesvorhaben, und da waren Republikflüchtlinge oder so etwas. Waren zu diesem Zeitpunkt grenzverändernde Vorgänge geplant?

Möglicherweise im Balkan.

Ein weiterer der Gründe, die zu seinem Tod geführt haben: Der Sohn sollte versetzt werden, abgeschoben auf einen unbedeutenden Posten. Der Sohn und der Vater waren am Anfang gut Freund, und dann ging das auseinander, aber nicht in einem Streit: Das geht lautlos vor sich, dafür aber viel intensiver. Das muß zu dem Zeitpunkt gewesen sein, als diese Grenzveränderungen vor sich gingen. Parallel dazu hat er noch seine Geliebte gehabt.

Er soll ja auch seine Geliebte erschossen haben.

Ich habe gesehen, daß einer an einem Schreibtisch saß. Links ist eine Tür, eine Person kommt herein, dünn, schlank, so 40 bis 45, sagt irgend etwas.
Dann sehe ich, wie er an der Schublade herumhantiert, und während diese Person wieder hinausgeht und die Tür schließen will, sehe ich, wie sein Arm herunterfällt.
Er hat hundertprozentig selber geschossen, aber an einem Tisch sitzend. Deshalb war ich so baff, als du sagtest, die lagen beide im Bett. Im Rücken war ein Fenster, und es waren hohe Wände.
Das einzige was mir auffiel, war seine Kleidung. Er trug einen Hausmantel.

War es zu dem Zeitpunkt dunkel?

Nicht dunkel im herkömmlichen Sinn, sondern der Raum war von vornherein verdunkelt. Und durch das Fenster kam Licht durch, aber das war kein freundliches, helles, warmes Licht. Der Raum war furchtbar abgedunkelt. Ich hatte nicht den Eindruck, daß das ein Schlafzimmer war. Ich weiß nur, daß die Wand, als die Tür aufging, auf der linken Seite mit Holz verkleidet war.

Ich konnte keine Frau in einem Bett unterbringen. Da war nichts mit einem Bett.
Der Mann hatte ein weißes Hemd an, und um sein Handgelenk war ein Band geschlungen. Und am Kragen war auch was. Und darüber hat er den Hausmantel getragen.

Jetzt die Frage: Wer war zuerst tot? Es kann auch sein, daß er sie zuerst erschossen hat.

Ich weiß nur, daß der Typ etwas gesagt hat, und ich weiß, daß er eine Art Proklamation hatte, und in der stand irgendwas mit neuer Gesetzgebung und Änderung von Grenzen. Das war das eine ...
Hör mal, das Schloß war nicht so toll. Finanziell stand der Typ nicht gut da, machtmäßig stand er nicht gut, überhaupt stand er nicht gut da. Der Sohn hatte zu diesem Zeitpunkt wenig zu verlieren.
Nein, er hat sie nicht erschossen.

Wo hielt sich die Geliebte zu dem Zeitpunkt auf?

Ich habe eben Reiter vor der Tür gesehen. Die Frau wurde nicht im Bett erschossen. Die war zu dem Zeitpunkt rechts neben dem Bett. Die Frau kniet vor dem Bett.
Ich stehe rechts vor dem Bett ... Ich bin jetzt in ihr. Ich knie so, sehe nach unten, und ich habe Angst.
Das Bett ist links neben mir. Da ist ein Teppich, und ich habe eine Art Nachthemd an, und da ist ein Mann, der steht links hinter mir. Er hat eine Pistole in der rechten Hand, mit Holzgriff und einem Lauf aus Metall. Und lang ist das Teil. Damit kann man nicht so genau schießen. Der, der da schießt, trägt eine Weste, während der andere einen Hausmantel trägt.

Das müssen also zwei verschiedene Personen sein.

Der Rudolf hat die Frau nicht erschossen. Der, der sie erschossen hat, nimmt sie nachher auf und trägt sie irgendwohin. Da sind insgesamt zwei Mann dabei.
Wenn man in den Raum hereinkommt, muß rechts irgendwie ein Speer mit Spitze und Axt sein, und derjenige, der hereinkam, nahm dieses Ding in die Hand. Ich kann nicht sagen, was das für eine Bedeutung hat. Ich weiß nur, daß der Mann, der zu der Frau gehört, vorher mit ihr gesprochen hat, daß er für irgendwas geradestehen muß. Aber ob vor oder nach der Proklamation, weiß ich nicht.
Was mir auffällt, ist, daß der theoretische Thronfolger charakterlich ein gutes Herz hatte. Und er stand zu dieser Frau. Wenn man in der Zeit vorwärts geht, wäre er ein besserer Kaiser gewesen als sein Vater.
Er war einsam. Er wußte auch um das Elend der Staatsfinanzen. Er wollte auch abrüsten statt aufrüsten. Er war eigentlich genau das Gegenteil von seinem Vater …

War die Geliebte oder er zuerst tot?

Wenn er sich nicht erschossen hätte, wäre er so oder so getötet worden. Von denen, die draußen kamen. Ich bin mir noch nicht sicher, aber ich bin der Meinung, daß er zuerst tot war. Ich muß noch mal in die Geschichte hinein …
Eben hatte ich, daß sie an der Tür stand und sich erbrach. Wenn man sieht, wie der Geliebte stirbt, dann erbricht man. Wenn man von einer Sache weiß, kann einem natürlich auch schlecht werden.

Sie soll schwanger gewesen sein.

Das kann auch der Grund sein. Ich bin mir nicht sicher, aber der, der sie erschossen hat, trug seinen Hut unter dem linken Arm, als er hereinkam. Der sie erschossen hat, muß also Rechtshänder gewesen sein.

Jetzt zum Zeitunterschied zwischen seinem Tod und ihrem: Ich schätze den mal auf 40 bis 60 Minuten. Bei der Frau war auch ein kleiner Junge oder ein Mädchen, und das hat sie zu sich genommen. War da ein Kind in dem Schloß?

Ist mir nicht bekannt. Vielleicht siehst du das im Zusammenhang mit ihrer Schwangerschaft.

Auf jeden Fall war da ein kleines Kind, und sie hatte ein Nachthemd an.

Wie reagierte die Mutter auf den Tod des Sohnes?

Innerlich vollkommen kalt. Ganz kalt, wie tot. War Sisi zu dem Zeitpunkt schon tot?

Nein, sie starb erst neun Jahre später.

Was mir auffällt: Sie hatte überhaupt kein richtiges Verhältnis zu ihren Kindern. Alles lief so riesig und pompös ab und war eigentlich doch kalt und leer. Bei denen sah es so aus, daß sie sich nach außen wichtig machten und in Wirklichkeit aber die Menschen schlecht führten.

Ist es möglich, daß Rudolf nicht ihr Sohn ist?

Zuerst einmal: Er hatte auf jeden Fall blaues Blut.

Könnte er der Sohn von einer ihrer Schwestern gewesen sein?

Ich kann nichts dergleichen finden. Das einzige ist, der Sohn hat blaues Blut, und eine Tochter – die letzte – hat rotes Blut.

Man vermutet, daß die letzte Tochter nicht vom Kaiser ist, sondern von einem ungarischen Edelmann.

Das war so eine Art Rittmeister.

Sisis Reisen nach dem Tod des Sohnes

Stichworte zu diesem Lebensabschnitt

Als Elisabeth erklärte, daß sie eine lange Seereise unternehmen wolle, erhob der Kaiser keinen Einwand und bestand lediglich darauf, daß sie einen Arzt mitnahm. Das Schiff war so klein, daß die Passagiere einander bald auf die Nerven gingen, zumal kein Mensch wußte, wohin die Reise führen und wie lange sie dauern würde.

Kaum waren sie in Algier angelangt, als die Kaiserin den Wunsch äußerte, Korsika zu besuchen, die Geburtsstätte Napoleons. Eine feste Reiseroute gab es nicht, und welchen Kurs das Schiff nahm, hing völlig von Elisabeths Launen ab. Nicht einmal der Kaiser wußte, wohin er die Briefe an seine Frau adressieren sollte, die ihm am einen Tag aus Marseille, am nächsten aus Livorno telegrafierte.

Franz Joseph hatte sie ausdrücklich gebeten, nicht nach Italien zu fahren, weil ihr Besuch ein Affront entweder für den dortigen König oder für den Papst sein würde. Elisabeth löste das Problem jedoch auf ihre Weise: Sie reiste nach Italien, fuhr jedoch nicht nach Rom und besuchte weder den König noch den Papst.

Das Gefolge der alternden Kaiserin bot einen traurigen Anblick: Es bestand in der Hauptsache aus verbitterten alten Jungfern und streitsüchtigen alten Herren. Die einzige Ausnahme war der junge Frederick Barker.

XIV

Das Attentat auf die Kaiserin

✧

Stichworte zu diesem tragischen Ereignis

Valerie hatte Mitleid mit ihrer Mutter, vermochte aber keinen Einfluß mehr auf sie auszuüben. Seit Rudolfs Tod war sie weniger Gefährtin als Pflegerin Elisabeths und lebte ständig in der Angst, ihre Mutter könne in einem Anfall von Schwermut ihrem als unnütz empfundenen Leben ein Ende setzen.

Auch im Jahr 1898 gehörte der junge Barker zum Gefolge der Kaiserin. An jenem schicksalhaften Septembertag begleitete er sie auf einem Spaziergang in den Wäldern von Caux. Während er ihr aus dem neuesten Roman von Marion Crawford vorlas, näherte sich ihnen ein junger italienischer Arbeiter und bat um eine milde Gabe.

Ärgerlich über die Unterbrechung, verwies Elisabeth ihn an ihren Haushofmeister Berzeviczy, der ihnen in einigem Abstand folgte. Diesem aber waren die Bettler, von denen die Kaiserin immer wieder belästigt wurde, ein Greuel, und so wies auch er den verdächtig aussehenden Italiener ab. Wäre das Verhängnis von Elisabeth abgewendet worden, wenn sich Berzeviczy freigebiger gezeigt hätte?

Eine Woche lang muß der zurückgewiesene Bettler seinem Opfer gefolgt sein. Elisabeth hatte unterdessen beschlossen, eine Einladung der Baronin Rothschild anzunehmen und in deren schöner Villa in Pregny bei Genf mit ihr zu speisen. Die Baronin, die mit den Schwestern der Kaiserin eng befreundet war, hatte ihr angeboten, sie mit ihrer Yacht in Territet abzuholen, aber Elisabeth glaubte eine solche Liebenswürdigkeit nicht annehmen zu können und beschloß, inkognito mit dem Liniendampfer nach Genf zu fahren. Haushofmeister Berzeviczy bat sie, auf diese Reise zu verzichten, und gab zu bedenken, daß sich in Genf einige der gefährlichsten europäischen Revolutionäre aufhielten. Es sei daher leichtsinnig, sich dorthin zu begeben, ohne die Polizei vorher in Kenntnis zu setzen. Aber die Kaiserin wollte nichts davon hören. »Was könnte mir denn in Genf zustoßen?« fragte sie.

Der 9. September war ein wunderschöner Herbsttag. Früh am Morgen traf Elisabeth mit ihrer Begleitung zur Überfahrt im Hafen ein. Ehe sie an Bord gehen konnte, näherte sich ihr ein Anarchist und stach mit einem Messer auf sie ein.

Sisi gelangte noch an Bord des Schiffes, das planmäßig ablegte. Erst als man dem Kapitän meldete, was geschehen war, legte er wieder an – zu spät für alle Rettungsmaßnahmen: Kaiserin Elisabeth von Österreich starb wenig darauf an den Folgen der Stichverletzung.

Astroanalyse des Attentatstages

Vergleichen wir nun das Geburtshoroskop der Kaiserin mit dem Tageshoroskop vom 9. 9. 1898, dem Tag des Attentats.

Pluto steht auf MC, das bedeutet: Gewalt an ihrer Persönlichkeit.
Uranus läuft auf Mond–Saturn:

- *impulsive Lösung innerer Spannung,*
- *sich von Hemmungen freimachen wollen,*
- *Nervenanspannung,*
- *plötzliches seelisches Leid und*
- *Trennung.*

Der letzte Aspekt ist hier der entscheidende: der Aspekt der Trennung. Sie trennt sich durch Tod.

Saturn läuft auf Neptun–Pluto mit Bezug auf MC:

- *dunkle Ahnungen,*
- *Pessimismus,*
- *sich selbst quälen,*
- *schweres seelisches Leid.*

Sie hatte Vorahnungen, würde ich herauslesen.

Neptun–Pluto mit Uranus:

- *Hang zum Ungewöhnlichen,*
- *eigenartige Entdeckungen und Katastrophen.*

Sisi befand sich im Herbst 1898 in einer recht gefährlichen Allgemeinsituation.

PSI-Analyse des Attentats (Teil I)

Was kannst du zum Attentat auf Sisi sehen?

Sie hat Ärger mit dem Papst bekommen. Ein Bischof oder ein hoher Geistlicher hat ihr unmittelbar vor der Tat noch Ärger bereitet.

Könnte der Mord ein Racheakt gewesen sein?

Also, ich sehe zum Zeitpunkt der Tat in ihrer unmittelbaren Umgebung keine Köpfe, die an Rache denken. Es war einwandfrei eine politische Sache.
Der Täter ... ich habe ihn jetzt drauf ... Er handelt auf Befehl und auf keinen Fall im Affekt. Das ist ein Vorläufer der modernen Killer.

Es gab demnach einen Auftraggeber. Wer war es – etwa ihr eigener Mann? Fragen wir zunächst den Astrologen.

Astroanalyse: Der Kaiser und das Attentat

Pluto–Mars in der Partnerschaft. Mars lief genau im 8. Haus, im Sterbehaus. Es war eine typische Stunde des Schicksals.
Neptun–Pluto–Uranus im 7. Haus zur Partnerschaft und Uranus im 4/5. Haus: Zum Zeitpunkt des Todes der Kaiserin war der Kaiser zu Hause.

Neptun–Pluto–Uranus:

- *eigenartige Entdeckungen und Katastrophen,*
- *schwerer Verlust auch bei ihm.*

Nein, für ihn war Sisis Tod ein schwerer Schlag. Franz Joseph muß um sie getrauert haben.

PSI-Analyse des Attentats (Teil II)

Wir werden zum Abschluß dieser PSI-Protokolle noch die Möglichkeit diskutieren, daß Sisi unmittelbar vor ihrer Hochzeit einen

Schwur geleistet hatte, von dem die Öffentlichkeit bis heute nichts weiß. Dieses Gelübde könnte sie vor einem Geheimbund mächtiger Frauen abgelegt haben, dem im übrigen auch Prinzessin Diana von England möglicherweise angehörte. Der gewaltsame Tod einer Angehörigen dieses Geheimbundes könnte somit von diesem Frauenbund selbst veranlaßt worden sein – als Strafe für den Verstoß gegen zentrale Gebote dieser weiblichen Geheimloge, deren verborgenes Wirken im übrigen manches Rätsel der Weltgeschichte lösen könnte.
Ehe wir im einzelnen auf diese Geheimloge zu sprechen kommen, versuche ich mit Hilfe der PSI-Akteure, ein genaueres Bild des Täters zu erarbeiten, der Kaiserin Elisabeth am 9. 9. 1898 niedergestochen hat.

Unterstellen wir einmal, Sisi hätte einen Schwur geleistet und nun aber ihr Gelübde gebrochen. Wer hat die Strafe veranlaßt?

Wenn die Frage lautet, ob ein Mann oder eine Frau: eindeutig ein Mann.

Demnach nicht der Frauenbund?

Nein.

Von wo also kommt der Befehl?

Es ist ein Gebäude, ein viereckiger Hof, und in der Mitte des Hofs war etwas Rundes, und das Außergewöhnliche ist: Da waren Säulen, so leicht gebogen, und da war noch so etwas wie ein Gewölbe, ein Bogengang, da konnte man durchgehen.

Was du da beschreibst, erinnert sehr an ein Kloster.

Ich bin mir nicht sicher, es könnte auch ein Schloß gewesen sein. Jetzt will ich die Person sehen, die Person, die Sisis Tod veranlaßt hat ... Von der Person gibt es auch ein Bild, ein Ölgemälde. Das Bild hängt an einer Wand, an einer Treppe.
Jetzt will ich eine auffällige Besonderheit dieser Person sehen ... Die Person war Eiersammler. Er hat kunstvolle Eier gesammelt.

Das wiederum erinnert sehr an den russischen Zaren. Soweit ich weiß, hat der mit Juwelen verzierte Eier gesammelt.

Nein, das war jemand vom Wiener Hof. Der hatte so eine Art Übermantel, im Schulterbereich ziemlich breit, und der Mantel war schwer und reichlich verziert und aus einem dunklen Stoff.
Jetzt will ich sehen, was Sisi und er miteinander zu schaffen hatten. Der Auftraggeber ihres Todes ... er hat ihr ein paarmal die Tür aufgemacht. Er muß ganz dicht bei ihr gewesen sein. Aus ihrer Umgebung. Aber er war nicht mit ihr verwandt.
Jetzt will ich noch eine Besonderheit sehen ... Er trägt gelegentlich eine Schärpe, wie eine weiße Fahne mit einem roten Kreuz drauf. Aber das Kreuz sieht anders aus als das der Schweiz. Vielleicht ein Orden.

Die Johanniter haben so etwas Ähnliches.

Es könnte ein Johanniter gewesen sein. Trägt so ein Kreuz mit Zacken nach außen. Zu der Fahne gehört noch ein Stock, oben drauf eine Spitze, wie sie früher bei den Lanzen der Turnierritter zu sehen waren. Mit Gold verziert.

Die Frage ist jetzt: Warum sollte er Sisi eliminieren lassen? Was ist sein Motiv?

Ich bekomme den Typen im Moment nicht rein. Ich kann den Zusammenhang nicht verstehen, weißt du, das geistige Niveau dort ist nicht mein Level, ich komme damit nicht zurecht.

Ist es denn sehr hoch?

Eben nicht, das ist es ja, was mir Schwierigkeiten bereitet. Der Typ ist von hohem Rang, aber primitiv im Denken.

War der Mordauftrag eine – seine – einsame Entscheidung, oder hat er sich mit anderen abgesprochen?

Der Auftraggeber mußte keine Entscheidung treffen, wie zum Beispiel »töten oder nicht töten«. Er hatte nur die Einhaltung von Vorgaben zu überwachen. Etwa wie ein Heizer mit seinem Dampfkessel: Wenn der Druck zu hoch ist, Dampf ablassen. Wenn der Druck zu schwach ist, Kohle ins Feuer.
Er hat seinen Job getan, ohne tiefer darüber nachzudenken. Er hatte vier, fünf Leute, die vor ihm niederknieten, ihm die Hand küßten.

Das könnte zum Beispiel ein Kardinal oder ein Bischof sein.

Ich glaube, wir machen es uns zu einfach. In Sisis Zeit gab es ja nicht nur Geistliche, vor denen andere Menschen das Knie beugten.

Letzte Fragen meinerseits zu diesem Komplex: Hat Kaiser Franz Joseph I. von dem Mordauftrag gewußt?

Wart mal, laß mal sehen ... Nein, aber er hat etwas geahnt.

Hat Sisi gewußt, was ihr passieren könnte?

Ja, sie hat es sogar erwartet.

Astroanalyse: Das Sterbehoroskop von Franz Joseph I.

Werfen wir zur Abrundung noch einen Blick auf das Sterbehoroskop von Franz Joseph I.: Was bedeutete ihm, der lange nach ihr starb, in seiner letzten Stunde noch diese Frau? Wie sah er seine Ehe, überhaupt sein Leben als Kaiser?

Pluto auf MC: kein leichter Tod, er ist schwer gestorben. Mars–Pluto steht im Verhältnis zum Pluto, Pluto hat das ausgelöst. Er ist zwar sehr alt, aber ich sehe, daß er an gebrochenem Herzen gestorben ist. Er wollte den ersten Weltkrieg nicht.

Saturn–Neptun im 1. Haus zu Uranus, das ist die Krankheitsachse:

- *plötzlich auftretende Schwäche,*
- *Krankheit,*
- *schwer erkennbare Krankheiten.*

Sein Karma war seine Ehe und nicht das Kaisertum. Sein Berufsplanet, also der Indikator für seinen Beruf, stand in diesem Augenblick allein. Der Mond war Herrscher im 11. Haus.
Er tat sich dem Volk gegenüber schwer. Mit der richtigen Frau an seiner Seite wäre die mitteleuropäische Geschichte mit Bestimmtheit anders verlaufen.

XV

Ein Geheimbund mächtiger Frauen?

✧

Lady Diana und Kaiserin Elisabeth, Marie Antoinette, Maria Stuart und Johanna von Orleans – sie alle starben eines gewaltsamen Todes, und möglicherweise gehören in diese Kette noch etliche andere Frauen, die wir bislang noch nicht identifiziert haben.

Gibt es eine Verbindung zwischen diesen Todesfällen, die etwa alle hundert Jahre eine mächtige, weltweit berühmte Frau ereilten?

- Diana starb durch einen mysteriösen Autounfall.
- Sisi erlag einem Attentat.
- Marie Antoinette wurde durch den Scharfrichter hingerichtet.
- Maria Stuart starb durch die Guillotine.
- Johanna von Orleans endete auf dem Scheiterhaufen.

Alle diese gewaltsam ums Leben gebrachten Frauen hatten in irgendeiner Weise mit Frankreich zu tun:

- Diana starb in Frankreich.
- Sisi starb in der französischen Schweiz.

- ✧ Marie Antoinette starb in Frankreich.
- ✧ Maria Stuart starb in Frankreich.
- ✧ Johanna von Orleans starb in Frankreich.

Berücksichtigt man jeweils die Herkunft der Betreffenden und die Urheber ihres gewaltsamen Todes, so erkennt man, daß neben Frankreich durchweg entweder England oder Österreich in diese Fälle verwickelt sind. Könnte es sein, daß diese Kette weiblicher Todesfälle in den Kreisen des Hochadels auf einem Fluch beruht, der sich durch die Epochen zieht und in einem Abstand von zirka einhundert Jahren immer aufs neue wirksam wird?

PSI-Analyse: Fluch oder Seelenbund?

Ich habe bewußt diese Frauen aufgeführt, weil zumindest zwischen den letzten Fällen sich ein Zeitraum von rund einhundert Jahren – mal etwas mehr, mal weniger – errechnen läßt. Die Differenz der Todesdaten von Lady Diana (1997) und Sisi (1898) beträgt 101 Jahre. Auch in unseren Medien wurde über diese Auffälligkeit ja schon berichtet. Wie siehst du diese Verbindungen?

Ich sehe einen engen Zusammenhang. Die Verbindungslinien drehen sich in sich selbst, bilden eine Art Spirale um einen Mittelpunkt, der in einem Zusammenhang mit Zahlen steht.
Nimmt man diese Zahlen und Buchstaben, dann wird man feststellen, daß es einen Zusammenhang gibt, aus dem eine Gesetzmäßigkeit abgeleitet werden kann. Die Reihenfolge ist immer die gleiche, d. h. die Gesetzmäßigkeit, wie die weiblichen Blüten aufgehen und wann sie gepflückt werden, also sterben müssen.

Also gibt es eine übergeordnete Gesetzmäßigkeit?

Offensichtlich ja. Das dreht sich gesetzmäßig im Kreis, und die Kreise werden enger.
Die Zeit muß also auch eine Rolle spielen. Wir können demnach erwarten, daß die Abstände immer kürzer werden. In den nächsten Jahrhunderten wird man solche Frauenschicksale in kürzeren Zeitabständen als jeweils einem Jahrhundert aufeinander folgen sehen.

Aber was ist der Hintergrund?

So sehr ich mich bemühe, ich kriege nicht drauf, warum das so ist. Paß auf, ich fahre jetzt mal zurück bis an die Stelle, an der dies alles seinen Anfang nahm.

Das ist eine gute Idee, das müßte meiner Meinung nach bis in das Mittelalter zurückreichen. Die konnten ja angeblich besonders wirksam verfluchen.

Nein, mein Lieber, das geht viel weiter zurück ...
Ich bin jetzt schon im alten Rom, aber frag mich nicht, was das für eine Frau ist, die ich vor mir sehe. Das müßte die Frau eines Kaisers sein ...
Dann habe ich in dieser Kette zweifelsfrei ein Frau aus Griechenland. Ich würde sagen, auf einer Insel.

Womöglich die Schöne Helena?

Hör mal, ich habe nicht Geschichte studiert. Willst du es denn wirklich ganz genau wissen?

Nein, das führt uns zu weit von unserer Vorgabe weg.

Gehe ich noch weiter zurück, dann bin ich in Ägypten ...

Etwa bei Kleopatra?

Die sieht so aus wie eine Priesterin. Da hat es große Unruhen gegeben, als man sie umgebracht hat ...
Ich bin immer noch in Ägypten, nur weiter zurück. Wieder dasselbe Spiel. Die Mädchen können einem wirklich leid tun – noch eine. Die Kette reicht sehr weit zurück. Soviel kann man sagen. Und jedesmal dasselbe Ereignismuster:
Zu Beginn jubelt viel Volk diesen Frauen fanatisch zu. Oder die Menschenmassen betrauern am Ende ihren Tod.

Das trifft bei unserer aktuellen Liste auf alle Frauen zu, abgesehen von Maria Stuart:

- ✧ Hunderte Millionen nehmen von Diana Abschied.
- ✧ Begeisterte Massen jubeln Sisi bei ihrer Hochzeit und schon bei ihrem Empfang in Wien zu.
- ✧ Auch Marie Antoinettes Hinrichtung in Paris zieht große Menschenmengen an, die sie allerdings beschimpfen.
- ✧ Ein Fragezeichen haben wir vorerst bei Maria Stuart zu notieren.
- ✧ Aber auch Johanna von Orleans wird bei ihrer Hinrichtung zum Gegenstand der Verehrung und Trauer der Volksmassen.

Kommen wir noch einmal auf die Verbindungslinien zurück: Wie genau sehen diese Linien – Spiralen, wie du sagtest – aus?

Ein seltsames Muster, mit dem ich nichts anfangen kann. So etwas habe ich noch nie gesehen. Du mußt dir das vorstellen wie einen Stab, und daran ist oben ein Fähnchen, und diese Frauen drehen sich im Kreis, gegen den Uhrzeigersinn. Das Fähnchen bewegt sich in die andere Richtung.

Ich würde sagen, es gibt da einen Bund von Seelen, die sich in der Vergangenheit zusammengeschlossen haben – wie auch immer, in einem Tempel vielleicht. Jeweils nur eine von diesen Seelen muß das Schicksal erfüllen. Zu einem bestimmten Zeitpunkt inkarniert also die eine Seele aus diesem Seelenbund. Die anderen dürfen ruhen.

Eine Brücke zwischen Diana und Sisi?

Gibt es eine direkte Verbindung zwischen Diana und Sisi?

Ich würde sagen, ja. Aber jetzt werden einige Leser enttäuscht sein: Beide waren in einem Gefüge, aus dem sie auch beide rausgeflogen sind. Sowohl Sisi als auch Diana sind aus ihren Leben rausgeworfen worden.

Warum?

In beiden Fällen nahm etwas überhand. Sie haben irgend etwas gemacht, womit eine andere Gruppe nicht einverstanden war.

Das verstehe ich nicht.

Normalerweise hätte in beiden Fällen ein Mann über die Frau geherrscht. Da er das nicht konnte, gab es zwei Möglichkeiten: Entweder er wurde sie los, oder die Frau verselbständigte sich.
In beiden Fällen hatten die Männer allergrößte Probleme mit ihren Frauen. Denn hier wie dort wollten sich die Frauen so weit verselbständigen, daß daraus eine Eigendynamik entstanden wäre, die den anderen Schwierigkeiten bereitet hätte.
Was diese beiden Frauen – Sisi und Diana – gemeinsam hatten, war also das folgende: Wenn sie so weitergemacht hätten, dann hätten sie die Macht so ausgebaut, daß es zu einer Umstrukturierung in der

politischen Landschaft Europas, vielleicht sogar der Welt, gekommen wäre.
Was wir heute an politischen Schwierigkeiten haben, würde sich langsamer und friedfertiger entwickeln. Und wir hätten nicht so viele Kriege gehabt, wie sie seit damals tatsächlich stattgefunden haben.
Soweit ich sehe, hatten einige Frauen in Sisis Zeit mehr diplomatischen Einfluß, als heute allgemein bekannt ist. Sie haben versucht, einen Kampf zu vermeiden, während ihre Männer Stärke zu zeigen versuchten.
Männer neigen zu Ablenkungsmanövern. Frauen versuchen eher, im Untergrund die Sachen geradezubiegen, also es zu keinem offenen Kampf kommen zu lassen.
Dadurch, daß diese Frauen aus dem Verkehr gezogen wurden, kam es nach Sisi zu den Weltkriegen und wird es nach Diana zu blutigen Auseinandersetzungen mit dem Islam kommen. Diana hätte zwischen dem Islam und den nichtislamischen Mächten vermitteln können. Ich weiß nicht, ob das gern gelesen wird, aber jetzt ist es sowieso nur noch Theorie.
Da ist noch etwas mit den Geburtstagen: Die Abstände zwischen den Geburtstagen – also den Inkarnationen – sind gleichmäßig und sehen nur auf den ersten Blick ungleichmäßig aus.

Meinst du damit den Umlauf der Planeten um die Sonne?

Ja. Aber die Tabelle muß anders geschrieben werden, damit man den gemeinsamen Nenner erkennt. Man muß die Zahlen in Kästchen unterschiedlicher Größe schreiben, jeweils zwei Kästchen nebeneinander. Wenn man die Zahlen vergleicht, erkennt man eine Rechenreihenfolge. Im Geburtsdatum und im Sterbedatum der verschiedenen Frauen gibt es eine Übereinstimmung in der Rechenreihenfolge. Eine Zahl kehrt immer wieder. Das ist der Zahlenschlüssel für den Zeittakt der Inkarnationen.

Ist das immer die gleiche Seele, die durch die Inkarnationen zieht?

Nein, ich kann da keine Verbindung feststellen, außer daß sie zu einer Gruppe gehören.

Gibt es innerhalb des europäischen Hochadels einen Fluch?

Da muß ich die Sache noch mal PSI-mäßig aufrollen.
Ich will jetzt die Person sehen, die verflucht hat ... Da gibt es keinen.
Jetzt will ich die Gruppe sehen, die verflucht hat ... Da zeigt sich auch nichts, demnach kannst du das mit dem Fluch vergessen.

Wer hat in allen Fällen die Verantwortung zu tragen, also von Diana über Sisi bis zurück zu Johanna von Orleans?

Die Kirche muß eine große Rolle gespielt haben. Da klagt einer an. Alle diese Frauen sind irgendwie angeklagt – aber für etwas, womit wir nichts anfangen können; wir würden darüber lachen, weil das zu albern ist. Die haben irgend etwas verbrochen, alle gegen dieselbe Regel verstoßen, die aber für dich und mich überhaupt keinen Sinn macht.

Vielleicht wurden sie angeklagt, weil sie andere Partner, außerhalb der legalen Ehe, hatten?

Nein, nein, da ist etwas anderes. Ich lasse mir jetzt die Anklage zeigen ... Die Anklage, wenn man sie so bezeichnen möchte, lautet, daß sie sich nicht an Richtlinien gehalten haben, zu denen sie sich bei ihrer Heirat in einem Geheimzeremoniell verpflichten mußten.

Welche Richtlinien waren das? Richtlinien der Kirche zum Beispiel?

Wenn man es so betrachtet, sind da zwei Anklagen gleichzeitig: Das eine ist eine Vorgabe der Kirche, das andere die öffentliche Darstellung.

Hör mal, es muß für Royals gewisse Richtlinien geben, von denen unsereins nichts weiß. Daran haben beide sich nicht gehalten. An beide Richtlinien nicht.
Aber da ist noch was … Diese Personen haben alles, nur keine persönliche Freiheit. Und wer sich nicht an diese Verpflichtung hält, wird niedergemacht. So oder so.
Da sehe ich noch etwas … Aha, das ist es, was die Öffentlichkeit so verwirrt: Zwischen dem Beschluß zur Eliminierung und der Ausführung liegen zwölf Jahre, ich würde sagen, eine Art Latenzphase. Das scheint eine Vorschrift zu sein.

Die Ursachen, die zum Ausschluß von Diana führten, liegen demnach in der Zeit um 1985, für Sisi etwa um 1886?

Ja, so ist es, nun müßte man recherchieren, was da los war.

Das Ganze deutet ja auf eine Verschwörung hin.

Nein, das würde ich so nicht sehen. Stell dir vor, wir beide schließen einen Vertrag. Fünf Jahre später wirfst du mich mit Hilfe von XY aus dem Vertrag, dann seid ihr doch keine Verschwörer, oder?
Man muß es so sehen: Es gibt eine Art Doppelzüngigkeit bei diesen Frauen, die wir noch gar nicht richtig verstanden haben. Es gibt ein Doppelgelöbnis, weißt du davon etwas?

Nein.

Dann wollen wir mal sehen. Die haben ein Gelübde abgelegt.

Was für ein Gelübde?

Moment … Ist dir irgend etwas von einem Siegel europäischer Monarchien bekannt? Zum Beispiel einem Schwur auf die Christenheit oder etwas dieser Art? Die legen alle ein doppeltes Gelübde ab, und da spielt dieses Siegel eine Rolle, das man nicht brechen darf. Und das haben die beiden Frauen – Sisi und Diana – gebrochen.

Das erinnert an Freimaurer!?

Freimaurer, schauen wir mal ... Nein. Das ist so hoch aufgehängt, daß eher noch die Bosse der Freimaurer selbst darauf zu schwören hätten, was sie aber nicht tun, weil sie davon gar nichts wissen.
Sehen wir noch mal hinein ... Damit komme ich nicht zurecht. Stell dir vor, wir wären ein paar hundert Jahre zurück. Du wärst, sagen wir, ein König, in irgendeinem Land. Ich wäre ein Bischof. Ich komme jetzt zu dir und verlange etwas von dir, und du sagst nein.
Daraufhin gehe ich zu deiner Frau und sage ihr, was ich haben möchte und was ich ihr dafür geben werde ... Stop!
Jetzt sehe ich's erst richtig: Ich bin kein Bischof, ich bin eine ganz hohe Nonne! – Das ist es also. Da müssen Abmachungen bestanden haben, die hausinterne Querelen unter den erlauchtesten Ehepartnern ausgelöst haben.
Das lief anscheinend auch in der anderen Richtung: Wenn du etwas durchsetzen möchtest und kannst es aber nicht, obwohl du der Chef bist, dann kommst du zu mir, und ich lasse unterderhand von meinen Untergebenen alles so vorbereiten, daß du deinen Plan doch noch durchsetzen kannst.

Und die Frauen in diesem Bund ...

Langsam ... Jetzt kommen wir zu der Frage, was alle diese Frauen in dem geheimen Bund gemeinsam haben. Sie alle hatten keinen direkten politischen Einfluß, haben den aber indirekt geltend gemacht. Alle diese Frauen haben gemeinsam, daß sie indirekten politischen Einfluß ausüben. Und irgend etwas müssen die falsch gemacht haben.

Kommen wir auf das Siegel zurück. Was hat es damit auf sich?

Mal sehen, ich will mal bei einer Zeremonie dabeisein ...
Da muß man niederknien. Und was ist das für ein Apfel? Die haben da so einen Apfel in der Hand.

Wer? Du – also die hohe Nonne – oder die anderen?

Die anderen. Ich habe einen Orden ... Die tragen alle einen Orden. Da ist ein Tuch, das sieht aus wie ein Wandbehang, und das muß man küssen. Und da ist der Apfel, und da ist eine Art große Kuppel, auf der ist eine Kugel oben drauf, und darauf ist ein Kreuz.
Jetzt zu den Leuten, die dabei sind. Man könnte meinen, sie bilden einen Orden. Und dieser Orden muß eine unvorstellbare Machtfülle haben. Er hat aber nur wenige Mitglieder.
Als König einen Landes zum Beispiel hast du geschworen, dein Land zu beschützen, und zugleich gehörst du diesem Orden an, dem zu dienen du geschworen hast und dem du dein Land unterordnen sollst. Zuerst kommt der Orden, dann das Land.

Sind da auch Kirchenmänner drin?

Da sind auf jeden Fall hohe Tiere der Kirche drin. Die Mitglieder tragen rote flache Mützen und spitze hohe Hüte. Die hohen Hüte sind wie doppelt gefaltet. Da muß eine Schlange eine Rolle spielen. Die Schlange ist das Zeichen der Macht.
Und da ist ein Schild. Damit kann ich nicht viel anfangen: Auf dem Schild ist eine Zeichnung, eine blaue und eine rote.
Und sie hat auf ein rotes Buch geschworen.

Wer ist »sie«?

Na, die Sisi, ich hatte mich doch bei dem geheimen Gelübderitual von

Sisi eingeklinkt. Paß auf, das ist sehr wichtig: Sie hat auf ein rotes Buch geschworen, und sie hat irgend jemandem Rache geschworen.

Während des Rituals?

Ja. Sie muß richtig zornig gewesen sein bei ihrem Racheschwur.

Mir kommt da ein weltumspannender geheimer Frauenbund in den Sinn, der den Männern ewige Rache geschworen hat. Und das ganze von einem Kloster aus gesteuert ...

Das kannst du meinetwegen für deine nächste Filmidee verwenden, jetzt bleiben wir aber lieber bei der Sache. Ich muß noch mal in das Szenario reingehen. Da muß noch irgend etwas anderes sein ...

Wir fragen wieder einmal falsch. Aber wie lautet die richtige Frage?

Da war irgendwas, ich würde sagen, der Konflikt drehte sich um Nestbeschmutzung, um Verunreinigung von Blut oder so ähnlich, wobei es sich nicht um Blut im wörtlichen Sinn handeln muß!
Ich bekomme es nicht vor Augen. Wir bewegen uns in einer Welt, die mir als Amerikaner des späten 20. Jahrhunderts völlig fremd ist. Ich sehe nicht, wo die Abweichung in der Szene ist, die vielen Europäern vielleicht sofort auffallen würde. Dadurch, daß ich an dieser Schnittstelle nicht Stop sage, fließt die Bildfolge der Ereignisse vorbei, ohne daß ich zu einer Information komme.
Inwiefern könnte der russische Zar zu diesem Zeitpunkt auch mit denen zu tun gehabt haben? Er taucht auf, verschwindet aber wieder.
Noch mal von vorn: Wir befinden uns im Gelübde-Szenario. Die junge Kaiserin hat zu schwören. Sie tut es auch.

Jetzt will ich sehen, wer vor ihr geschworen hat ... Es sind eindeutig Frauen.

Hat noch jemand nach ihr geschworen?

Ja. Wieder sind es nur Frauen.

Vor wem schwören sie?

Es sind Männergesichter mit diesen roten Mützen.

Auch Frauengesichter?

Nein, zumindest nicht mit roten Mützen.

Gibt es Frauengesichter ohne solche Mützen oder Hüte?

Nichts. Das bedeutet, Frauen können nicht dabei gewesen sein.

Jetzt frage ich dich, wie durch den Schwur ein Konflikt entstehen kann.

Stell dir mal vor, du gehörst einem Zusammenschluß an. In dem Bund gibt es eine Abteilung nur für Frauen. Dann kann es einen Kampf zwischen der Abteilung der Männer und der Abteilung der Frauen geben.

Solche Konflikte, meine ich, sind immer vorprogrammiert, wenn sich Fraktionen nach Geschlechtern bilden.

Es fallen Dinge vor. Die Frauen reagieren und halten gegen ihre Männer zusammen. Sie geben sich unterwürfig, d. h., sie stellen sich optisch dar, als wären sie unterwürfig gegenüber ihren Männern ... Paß auf, ich glaube, jetzt sind wir auf der richtigen Party. Jetzt erkenne

ich, wie das abläuft: Die Frauen haben vor Männern zu schwören. Die Frauen, die schwören, wissen zu diesem Zeitpunkt noch nicht, daß sich schon vor langer Zeit eine Gegenbewegung gebildet hat. Das wird ihnen erst später klar, oder sie erfahren davon erst später. Diese Bewegung der Frauen ist untereinander in Kasten eingeteilt.
Kannst du dir vorstellen, daß es zwischen den Nonnenklöstern und dieser Frauenorganisation eine direkte Verbindung gibt?

Warum nicht?

Und daß die Nonnen, obwohl sie unscheinbar und bescheiden auftreten, eine wesentliche Rolle in der Führung gespielt haben?
Ich fahre die Ereigniskette jetzt einmal weit zurück, also Hunderte von Jahren vor Sisi ... Der Frauenbund ist bereits da. Es ging da um riesige Ländereien. Ihre Männer versuchen das mit Waffengewalt, die Frauen versuchen das mit ... ich würde jetzt sagen ... mit Liebe zu regeln. Die Klöster sind in dieser Zeit auch dabei.
Paß auf, das ist eine Welt mit Regeln, die wir im heutigen Amerika nicht verstehen. Belassen wir es dabei, daß Sisi gegen einen oder mehrere dieser Statuten, Regeln oder was es gewesen ist, verstoßen hat.

Dazu fällt mir ein, was Sisi bei der Hochzeit ihrer Tochter Valerie gesagt haben soll: »Die Ehe ist eine widersinnige Einrichtung. Als 15jähriges Kind wird man verkauft und tut einen Schwur, den man nicht versteht und nie mehr lösen kann.«

Den Eheschwur wird sie sicher nicht nur gemeint haben.

Du hast recht. Vielen Dank für deine Mitarbeit.

XVI

Sisi-Séancen zur Jahrhundertwende

✧

Hundert Jahre nach den dramatischen Ereignissen von Genf ist kaum mehr vorstellbar, wie häufig und heftig Sisi in spiritistischen Séancen des Fin de Siècle herbeigerufen wurde. Namentlich im deutschsprachigen Bereich – insbesondere in den Zentren Wien und Berlin – versuchten die Beschwörer in den Salons hinter verschlossenen Vorhängen die Zukunft des Adels mit Hilfe der Dahingegangenen zu ergründen.

Während unserer PSI-Analyse stellten wir fest, daß Sisi in den ersten Jahren nach ihrem Tod unter den Versuchen spiritistischer Kontaktaufnahme sehr gelitten haben muß – dies um so mehr, als sie zu Lebzeiten meist versucht hat, fremden Menschen aus dem Weg zu gehen.

In ähnlicher Bedrängnis befindet sich gegenwärtig Lady Diana Spencer: Die parapsychologischen Clubs in Großbritannien, aber auch hier in den USA versuchen geradezu »Standleitungen« zu der Prinzessin aufzubauen, die auf einer künstlichen Insel isoliert beigesetzt worden ist.

Für diejenigen unter meinen Lesern, denen die Technik spiritistischer Herbeirufung von Dahingegangenen fremd ist, schalte ich hier einige Worte der Erklärung ein.

Was sind spiritistische Séancen?

Spiritisten treffen sich zu Sitzungen, die sie »Séancen« nennen. Man versammelt sich in der Regel nach Sonnenuntergang, also in den Nachtstunden, um einen üblicherweise runden Tisch und stellt mit den Händen Kontakt zu seinen beiderseitigen Tischnachbarn her. Nehmen wir an, das Medium, durch das der herbeigerufene Verstorbene sprechen soll, wäre die Gastgeberin der Séance. (In 90 Prozent aller Fälle sind es Frauen, die sich als Medien zur Verfügung stellen.)

Mittels der Kraft des Seelenverbundes der am Tisch versammelten Teilnehmer versucht das Medium nun den Kontakt zu der gewünschten verstorbenen Person herzustellen. Hierfür versucht man zu prüfen, ob auch wirklich der gewünschte Geist für eine Durchgabe zur Stelle ist. Zweckmäßigerweise sollte er sich durch etwas für ihn sehr Typisches »ausweisen«, also beispielsweise durch Benennung einer persönlichen Vorliebe, die nur er selbst und ihm nahestehende Personen kennen können.

Nun beginnt die eigentliche Durchgabe. Sie besteht aus einer Botschaft des Gerufenen und endet, nachdem alle Fragen der Anwesenden beantwortet wurden. Oft werden Antworten allerdings auch verweigert.

An dieser Stelle scheint mir ein Wort zu den Möglichkeiten des Schabernacks und der Fälschung angebracht, die zumindest der Laie, als unbedarfter Teilnehmer an einer solchen Séance, nie ganz ausschließen kann. Vielleicht tröstet es Sie, daß dieser Gefahr auch (vermeintliche) PSI-Profis erliegen können:

1965 war ich Zeuge, als die Präsidentin einer parapsychologischen Vereinigung, die vehement bestritten hatte, daß auch bei ihr solche »Fälschungen« möglich seien, während eines Kongresses hereingelegt wurde: Der einzige Geist, der bei diesem Ereignis wirklich herbeigerufen wurde, war der Geist der spöttischen Schadenfreude für die »Meisterin«, die kleinlaut ihre Blamage eingestehen mußte.

Bei der »Hohen Schule« dieser Art Reisen in die Welt des Astralen sitzt die Gruppe nicht an einem Tisch, sondern in einem großen Kreis, wobei man jeweils zwei bis drei Meter Abstand zwischen den Teilnehmern wahrt. Der Moderator fordert die Gruppe auf, an die verstorbene Person zu denken, die herbeigerufen werden soll. Es herrscht absolute Ruhe im Raum. (Heutzutage werden solche Sitzungen auf Tonband aufgenommen und später ausgewertet.)

Nach einiger Zeit wird eine der anwesenden Personen unruhig oder verändert sich sogar in ihrem Wesen. So spricht der Betreffende zum Beispiel auf einmal in einer Sprache, die er im Leben nie gelernt hat.

Nun wird abgeklärt, ob es sich um den gewünschten Kontakt handelt. Ist dieser Kontakt hergestellt, werden die Fragen gestellt, die den Lebenden auf den Nägeln brennen:

Fühlt sich der Verstorbene in der anderen Welt wohl? Praktisch hoffen die Fragenden auf eine Bestätigung, daß es ein Leben nach dem Tode gibt. Profanere Fragen gelten Verstecken wertvoller Urkunden, zum Beispiel eines Testamentes, oder der geheimen Codenummer für den Zugang zu einem Bankkonto, die der Verblichene vor seinem Tod nicht mehr kundtun konnte. Nicht selten versucht der überlebende Ehepartner auf diese Weise auch in zwei Welten gleichzeitig zu leben – allein in der irdischen Welt, wo ihn der Verstorbene zurückgelassen hat, und zusammen mit dem Partner in der anderen Welt.

Wie funktionieren spiritistische Kontakte?

Meine nachfolgend skizzierte Erklärung dieses Phänomens wird mir in den Kreisen der Spiritisten sicher keine Freunde machen. Ich halte sie jedoch für stichhaltig, weshalb ich auch beschlossen habe, diese Wege nicht zu beschreiten.

Wer sich mit fernöstlichen Weisheiten und Techniken beschäftigt, erfährt, daß der Mensch nicht nur aus einem materiellen Körper besteht, sondern über weitere – sogenannte feinstoffliche – Leiber verfügt. Der unserem irdischen Körper ähnlichste dieser Leiber ist der sogenannte Astralkörper, der uns erlaubt, nachts umherzuschweifen und unser Unterbewußtsein zu stimulieren.

Unmittelbar nach dem Tod ist dieser Astralleib noch sehr stark ausgeprägt. Er verliert aber nach dem Ende der physischen Existenz ständig an »Energie«, bis er ganz abgebaut ist – ähnlich einem Luftballon, aus dem langsam das Gas entweicht, bis er schlapp in sich zusammenfällt.

Während einer professionell durchgeführten spiritistischen Sitzung pumpt das sogenannte »Medium« etwas von seiner »Lebensenergie« in diesen schlappen Ballon, so daß er wieder prall wird. Auf diese Weise können die in dem Astralkörper eingravierten Lebensprogramme aktiviert werden. Das ist die Grundlage, auf der Spiritisten arbeiten.

Was ist der Haken dabei? Der Fehler liegt meist in der Ungeduld der Teilnehmer einer Séance, die nach schnellen Resultaten lechzen. Statt zu beobachten, was der »Ballon« macht, nachdem ihm »Energie« zugeführt worden ist, erzwingen sie Aktivitäten. So kommt es, daß der lebende Energiespender den Kontaktierten nur zu scheinbarem Eigenleben erweckt, ähnlich einem Puppenspieler, der seine Finger bewegt, damit die Handpuppe zu agieren beginnt.

Tatsächlich kann man es, wenn man viel Geduld aufwendet, nach zahlreichen Sitzungen dahin bringen, daß der Astralkörper eines Verstorbenen aktiviert ist und man damit zu arbeiten vermag. Vergleichen läßt sich dieses Verfahren mit den Mühen eines Computerfreaks, der eine defekte Festplatte gerade noch zum »Laufen« bekommt, um so die erhalten gebliebenen Restdaten zu retten. Anders als die Festplatte ist der Astralkörper jedoch kein Ding, sondern Teil eines »ganzen Menschen«: Zwangsläufig reagiert dieser auf die spiritistische Aktivierung seines Astralleibs, da er sich gegen die fremde Manipulation nicht mehr wehren kann. Genau das ist bei den zahllosen spiritistischen Beschwörungen auch mit Sisi geschehen: Sie hat ein furchtbares Fegefeuer hinter sich.

Aus den Sitzungsprotokollen der Sisi-Beschwörer

Die Spiritisten, die seinerzeit – insbesondere zwischen Jahrhundertwende und Erstem Weltkrieg – »Sisi-Séancen« durchgeführt haben, sind inzwischen allesamt selbst entkörpert. Ich habe gleichwohl versucht, mir mit Hilfe meiner Kontakte Protokolle solcher Sitzungen zu verschaffen. Durch einen Freund in Wien erhielt ich die nachfolgend zusammengefaßten Informationen. Der richtige Ruf, durch den man den Astralleib der Kaiserin auch wirklich »an die Durchgabe« bekam, lautete nicht, wie viele seinerzeit glaubten, »Sisi« oder »Elisabeth«, sondern »Ihre kaiserliche Majestät«. Zusätzlich war allerdings ein weiteres Wort* erforderlich, das sie, auf sich angewendet, von ihrem Mann Franz Joseph I. oft und gern gehört hat.

* Ich nenne es hier absichtlich nicht, weil Sisi jetzt ihre Ruhe haben sollte.

Die meisten persönlichen Fragen unmittelbar nach ihrem Tod betrafen die Hintergründe ihrer Ermordung und des Todes ihres Sohns Rudolf. Aus ihren Antworten, so wie sie seinerzeit weitergegeben wurden, ging hervor, daß sie das Opfer einer Rebellion innerhalb des Hauses Habsburg geworden war.

Die Interviewer hatten damals große Mühe, sie von einem karitativen Projekt in Wien abzulenken, das sie auf jeden Fall ausgeführt sehen wollte. Es sei geradezu eine fixe Idee der verblichenen Kaiserin gewesen, heißt es, im ganzen Land Grund- und Berufsschulen für Kinder aus Familien zu gründen, die in den Kriegen ihres Gatten »auf dem Feld« geblieben waren. Die finanzielle Grundlage hierfür sollte ein Vermögen bilden, das ausschließlich ihr zur Verfügung stand.

Die meisten Fragen, die man an sie richtete, betrafen den Weiterbestand der Doppelmonarchie und ihren Ehemann, Kaiser Franz Joseph. Doch auf diese Fragen habe sie sehr ausweichend geantwortet. Ständig habe sie indessen die »Floskel« wiederholt: »Befreit ihn von den Törichten!« Darauf konnte man sich damals keinen Reim machen.

Nach 1905 soll sie häufig in Tränen ausgebrochen sein, aber nicht befriedigend erklärt haben, worum sie trauere. Die Interpreten der seinerzeitigen Protokolle meinten, sie beweine den bevorstehenden Tod ihres Mannes, der allerdings erst im Jahr 1916 starb.

Ab 1910 tauchen in den Protokollen beruhigende Äußerungen auf, wie etwa: »Ihr werdet sehen, es wird alles wieder gut mit Österreich.« Das wiederum veranlaßte die meist adligen Teilnehmer anzunehmen, daß die Monarchie gefestigt werden würde.

Nach Ausbruch des Ersten Weltkriegs taucht immer wieder der Ausspruch »Ich will zurück« in Sisis Durchgaben auf. Dieser Wunsch sei damals so gedeutet worden, daß Sisi in ihre Funktion

als Kaiserin zurückkehren wollte, um den Kaiser von der Weiterführung des Krieges abzubringen.
Nach dem Tod von Franz Joseph I. versuchten die Spiritisten, etwas über die »glückliche Vereinigung« des kaiserlichen Paares zu erfahren. Nach allem, was wir wissen, ist dies jedoch nicht gelungen: Offenbar haben »Ihre Majestäten« nach dem Tode nicht mehr zueinander gefunden – aus welchen Gründen auch immer …

XVII

Channeling von Kaiserin Elisabeth

✧

Bei dem Projekt *Sisi* hatte das Channeling-Medium zunächst unerwartet große Schwierigkeiten, einen Dialog über die Verkörperung der ehemaligen Sisi in der Gefühlswelt aufzunehmen – eine für den PSI-Forscher interessante Situation.
Das Team entschied daraufhin, nicht nur den Versuch zu machen, Sisi in der Situation des Jahres 1997 zu channeln, sondern sie in mehreren Zeitsprüngen – vom Todestag im Jahr 1898 bis Anfang 1998 – zu befragen. Bei den ersten Versuchen, einen Kontakt mit der damaligen Sisi herzustellen, hatte das Medium nur grauen Nebel und Leere empfangen und auf Fragen keine Antworten bekommen, sondern Widerstand und Ablehnung gespürt.
Nachfolgend dokumentiere ich fünf Einstiege in den PSI-Tunnel, an dessen Ende das Medium auf Sisi zu treffen versuchte. Es ist nicht ungewöhnlich, daß ein Channeling-Medium verschiedene Zeitabschnitte ansteuern muß, um das gesuchte Ziel zu erreichen. Oft versucht die Wesenheit am anderen Ende des Tunnels, für sie wichtige Abschnitte (die uns unwichtig erscheinen mögen) in unser Bewußtsein zu brennen, um auf diese Weise

✧ eine Warnung auszusprechen,
✧ eine Gesetzmäßigkeit aufzudecken,

- eine Frage, die zu Lebzeiten gestellt wurde, zu beantworten oder
- im voraus eine Erklärung für eine nachfolgende Channeling-Botschaft zu geben.

Das erste Channeling-Protokoll

Elisabeth von Österreich, Kaiserin im Reich des Lichts ...

*Graue Lichtbänder,**
Dunst und Blitze in der Düsternis,
Punkte fliegen umher.
Was für Folgen hat die Morgendämmerung der
Reinigung?
Unterbrochen und immer wieder unterbrochen
Wird der Strom des Wassers.
Wie kann ich mich reinigen, wenn kein Wasser da ist?

Gefühle, keine Gedanken, nur Gefühle.
Wo bleibt das, was man sehen und anfassen
kann?
Ich bin allein in das Moor gegangen,
Weil ich es wollte und weil mich die Stimme rief.
Jetzt ist die Stimme nicht mehr zu hören,
Und ich weiß nicht, was hinter mir liegt,
Was vor mir wartet.

* Mit dieser Beschreibung signalisiert Sisi, daß diese Botschaft nicht aus dem Reich des Lichts kommt!

Dunst ...
Wieder sind es diese stummen Schimmerschemen,
Die mir nicht antworten,
Die mich nicht beachten.

Da ist das Gesicht des Dieners
In den Blitzen des Feuerwerks.
Er war müde und wollte nicht den Leuchter halten,
Er konnte nicht erwarten, daß der Jubel endlich verstummt
Und er nach Hause gehen kann.

Wie bin ich doch erschrocken,
Als ich sah, daß er der Diener war.*
Jetzt steht er da, wie heimatlos und müde.

Wie oft habe ich geschlafen und bin müde aufgewacht.
Ich weiß nicht, seit wann ich aufgegeben habe zu schlafen,
Zu hoffen, erfrischt aus diesem Traum zu erwachen.
Es ist sinnlos.

Wie merkwürdig.
In mir ist kein Leben, aber auch kein Tod.
Immer wieder diese Bänder aus wallenden Streifen
    im Schatten.
Ich möchte soviel tun
Und kann nicht, weil ich so müde bin.
Ich möchte soviel tun
Und kann nicht, weil ich niemanden sehe.

* Sisi meint anscheinend ihren Gatten, Kaiser Franz Joseph I.

Warum diese Einsamkeit?
Warum diese Müdigkeit?
Ich möchte so viele bunte Bänder an diejenigen verteilen,
Denen ich begegne,
Doch niemand begegnet mir.

Und wo sind meine Bänder?
Sie sind fort.
Und da ist dieses Klopfen in mir
Es pocht und pocht und pocht ...

Hundert Jahre nach der Entkörperung von Sisi ist die Schilderung körperlicher Symptome wie des »Pochens« ungewöhnlich. Daher brach das Channeling-Medium diesen Versuch hier ab, weil die Möglichkeit bestand, daß eine zurückliegende Energieschrift, die sich aus der Restenergie (bedingt durch den gewaltsamen Tod) ergab, uns eine Situation unmittelbar nach dem Ableben projizierte – eine Situation also, die mit Sisis Be- und Empfinden in unserer Gegenwart nichts zu tun hat.
Anders verhält es sich mit der Müdigkeit, die Sisi gleichfalls erwähnt hat: Die Müdigkeit des Geistes kann je nach Lebensalter und zurückliegendem Leben bis mehrere Jahrhunderte nach der Entkörperung andauern.

Das zweite Channeling-Protokoll

Elisabeth, geboren am 24. Dezember 1836 in München, Bayerisches Königreich ...[1]

Ich sehe Berge,[2] Berge, wie ich sie von Kärnten[3] her kenne.
Auf mich kommen Menschen zu.
Sie kommen mir bekannt vor.
Aber ich kenne sie nicht.
Ich kenne sie wirklich nicht,
Ich habe sie nie gesehen.

Ich höre sie sagen: Komm mit uns und vergiß.
Was ist das für ein herrliches Gefühl.
Ich gehe und schwebe zugleich.
Ich juble und umarme zugleich.
Wie ist doch alles anders,
Wie schön kann Leben[4] sein.

Ich umarme euch, die ihr um mich seid.
Seid nicht hart zueinander.
Seid nicht hart zu mir.

1 Zu dieser Zeit gab es noch kein Deutschland, wie wir es heute kennen, daher ist der Geburtsort München zur Identifizierung wichtiger.

2 Wir haben Sisi jetzt in einer Situation, in der sie wieder geistig zu sehen gelernt hat.

3 Das muß nicht unbedingt Kärnten sein – Berge sieht man auch in Genf und an vielen anderen Plätzen, an denen sich Sisi zu Lebzeiten aufgehalten hat.

4 Unserer Ansicht nach hat Sisi in dieser späteren Phase noch nicht begriffen, daß sie nur noch geistig lebt.

Ich bin doch nur ein Kind wie ihr.
Doch wie grausam können Kinder sein.
Jedem, der die Hände entgegenstreckt,
Schenke ich aus meinem Krug des Lichts.

Weißes Licht mit goldgelben Tupfen springt auf euch über.
Trinkt es, trinkt es, damit ihr fröhlich werdet,
Mutter, Vater, ihr seht so jung aus,
Freut euch mit mir …

Diesmal wurde die Sitzung nicht vom Channeling-Medium unterbrochen. Vermutlich lag hier, zeitlich gesehen, das Ende des Channeling-Tunnels in einer Phase nach der Aufarbeitung des Lebens von Sisi.

Das dritte Channeling-Protokoll

Ehemals* Elisabeth, geboren am 24. 12. 1836 …

Beschädigter Gefühlskörper,
Heilung durch dienende Liebe.
Erst beschädigt, dann durch kranke Gefühle verkümmert,
Das ist die Antwort, auf die Frage,
Die ihr in euren Köpfen gestellt habt.

* Der Ausdruck »ehemals« wurde für den Fall gewählt, daß sie sich nicht mehr mit Sisi identifiziert. Die nachfolgende Channeling-Botschaft zeigt, daß dieses Vorgehen genau richtig war.

*Nicht, daß ich ohne Begleitung durch Liwi**
Nicht hätte leben können.
Der schlimmen Dinge viele waren es,
Die mich danach so anders werden ließen.
Ich wollte es nicht,
Aber immer hat man mich gezwungen,
Es anders zu tun.
Immer, immer und immer wieder.

Welch eine Strafe
Aus der Vergangenheit,
So leben zu müssen.
In einem männlichen Körper gesündigt,
In einem weiblichen Körper gesühnt,
Ohne Körper, in einem Bad aus Gefühlen, gesundet.

Dieses Ziel durfte ich erkennen,
Durfte es durchleben und bin jetzt frei.
Seither ist Glück um mich.

Andere Wesen dürfen ihr Leben lang
Immer wieder ein wenig Glück schöpfen.
Ich mußte alles auf einmal trinken,
Bis mir der Bauch weh tat,
Und dann nichts, nichts mehr,
Wie ein Kamel.
Es steht in der Sonne und muß warten,
Bis es wieder trinken darf.

* Vermutlich ihre erste Tochter Sophie, die mit zwei Jahren in Budapest gestorben ist.

Ich habe gewartet,
Wie lange habe ich gewartet,
Doch dann hat mich niemand mehr weinen gesehen.
Dann habe ich wieder gewartet und gewartet,
Die Kälte, die mich umgeben hat, ist weg.
*Welch ein Glück, wieder sehen zu dürfen,**
Alles wird leichter,
Alles wird verständlicher,
Alles wärmer.

Wie ein Vogel nach einer kalten Winternacht
Fühlt man sich glücklich,
Wenn wenigstens die Dunkelheit,
Dann endlich auch die Dämmerung gewichen ist
Und ein sonniger Tag anbricht.
Es ist zwar immer noch kalt,
Aber wieder sehen zu können,
Läßt alles wärmer erscheinen.

Ist es nur das Sehen,
Das mich wieder erwärmt hat?
Ja …
Ich erkenne, daß die Strafe
Darin besteht, nicht mehr sehen zu dürfen.

Wer nicht sieht,
*Kann für sich nicht entscheiden,***

* Gemeint ist hier wohl geistiges Sehen.

** Sisi fehlt immer noch der Gleichmut, dies bedeutet, daß sie sich zu diesem Zeitpunkt des Channeling-Zielpunktes schon wieder in einer Phase des Beginns einer Wiederverkörperung befindet.

Andere entscheiden, und man hat sich zu fügen.
Welch ein Glück, wieder sehen zu dürfen,
Sehen zu dürfen heißt auch,
Gefühle der warmen, unkörperlichen Liebe zu verströmen.

Merkwürdig, ich muß immer erfahren,
Daß mit dem Sehen
Das Gefühl wiederkommt,
Mit dem Gefühl
Der Wunsch nach einem Körper erwacht.

Während meines ganzen Lebens hatte ich
*Ohrenschmerzen,**
Jetzt weiß ich, warum.
*Ich habe mich gewehrt zu hören,***
Meine Gefühle zeigen mir jetzt,
Daß Hören gut für die Seele ist.

Hören ist wie ein Bad für die Seele.
Schöne Töne sind wie der Duft des Bades.
Worte sind die rauhe Bürste.
Und das Wasser versöhnt mit allem.

*Höchstes Glück ist es, mit anderen zu baden.****
Lernt es, denn es hilft,
Viel schneller sehen zu dürfen.
Sehen, lernt sehen,

* Darüber ist in den Tagebüchern nichts vermerkt.
** Vermutlich meint sie, auf andere zu hören.
*** Gemeint ist hier sicher, anderen zuzuhören.

Im Leben wie danach.
Mit dem Sehen kommen auch die schönen Gedanken,
Dann die Harmonie der Gefühle
Und dann wieder die große Liebe zu allen Geschöpfen.

Ihr findet mich in der Zeit des Aufbaus.
Man hat mir genommen, gegeben und mich fortgeschickt.
Wie soll ich mich da zurechtfinden?
Gift für die Seele ist es,
In der Körperlichkeit bedient zu werden,
Ein Elixier jedoch zu dienen.
Wer sich nur bedienen läßt,
Fällt in die Tiefe der Hilflosigkeit,
Weil plötzlich niemand da ist,
Den man um einen Dienst fragen kann.

Es ist hier wie eine Umkehrung der Dinge,
Was man geliebt hat, wird bedeutungslos,
Was mißachtet wurde, hat Bedeutung,
Aber man versteht es nicht,
Man begreift es nicht,
Man ist fassungslos
Und wirbelt davon.

Ein Augenblick falschen Denkens
Schafft tausend Wirbel irrenden Fühlens.
Könnt ihr verstehen?
Nein,
Der Schock steht euch allen noch bevor,
Warum die Zeit der Hilflosigkeit hier
Durch das Leben in der Welt verursacht wird.

All mein Fühlen und Denken ist auf Dienen gerichtet.
Nur, in der Unkörperlichkeit kann man nicht dienen,
Wie ich geglaubt habe.
Das ist das Problem.
Die Meister der Lichts und der Liebe dienen durch Schweigen.
Doch hier beginnt schon das Mißverständnis,
Es gibt weder Meister noch Meisterinnen,
Die körperliche Welt kennt keine Begriffe,
die diese Wesen ihrer Wesenheit nach beschreiben.

Man kann sie erfühlen,
Man kann sie aber nicht »ersehen«,
Wie es mit körperlichen Augen möglich wäre.
Darum die vielen Irrtümer derjenigen,
Die im Fühlen festgelegt sind.
Die Gefühle sind falsch,
Die Gefühle binden an falsche Meister,
Das ist die Tragik des Lebens in Hochmut
Und Allwisserei.

Wer mich nicht versteht,
Denke darüber nach.

Und dann ist diese Phase vorbei
Wie ein Morgen mit klarem blauem Himmel.
Wie ein Sonnenaufgang in den schönsten Farben der Sonne
Öffnet sich die Schau des Geistes.
Fassungslos erlebt man die neue Geburt,
Und Dankbarkeit durchflutet die Gefühle.

Wie siehst du heute dein Leben?

Ich möchte es nicht noch einmal leben.
Es war ein Dasein in Ohnmacht.

In der Macht ohnmächtig zu sein
Ist schlimmer als der Tod.
Nach dem Tod öffnet sich das neue Leben,
In der Ohnmacht ohne scheinbares Ende
Herrscht pure Seelenqual.

Mein Leben hatte mehrere Bilder.
Das Bild meines Elternhauses –
Es war die glücklichste Zeit meines Lebens,
Aber auch die Ursache meiner Qual.
*Warum, warum, warum haben sie mir das angetan?**

Das Bild meiner Familie,
Verkauft wie eine Sklavin auf dem Markt,
Gehalten wie ein seltener Vogel,
*Der nicht sterben soll, darf und kann.***

* Hier handelt es sich offensichtlich um ein Geheimnis der Herkunftsfamilie. Es war nicht möglich, diese Frage während der Sitzung zu klären. Nach Meinung der Channeling-Experten handelt es sich hier um eine unverarbeitete seelische Blockierung, die in der Kindheit oder Jugend gesetzt worden ist.

** Man müßte aufgrund dieser Bemerkung in der Biographie der Kaiserin nach mißlungenen Suizidversuchen fahnden. »Darf« bedeutet demnach, daß mindestens ein ernsthafter Suizidversuch nicht vollendet werden konnte. »Kann« meint wohl die Sehnsucht nach einem frühen natürlichen Tod oder die Herausforderung des Schicksals durch riskante Unternehmungen. »Soll« dürfte ein bisher unbekanntes Politikum in Österreich sein, denn durch den frühen Tod der jungen Kaiserin wäre eine zweite Ehe des Kaisers unvermeidlich gewesen und hätte im Ränkespiel der Donaumonarchie einen Erdrutsch auslösen können. Überhaupt scheint die Wahl einer Frau aus einer neutralen Linie für die Donaumonarchie fürs erste eine Kompromißlösung gewesen zu sein. In dieser Bemerkung steckt somit komprimiert die ganze Lebenstragödie von Sisi.

Das Bild meines Sohnes,
Was haben sie daraus gemacht?
Das Reich hätte einen anderen Verlauf genommen.
Hätten sie es nicht gemacht,
*Würden sie heute noch ihren Kaisern aufspielen.**

Das Bild meines Mannes,
Was wissen sie wirklich von ihm?
Was wissen sie wirklich von uns?
Nichts ...
Nur, was man durch den Paravent erlauschen konnte.
Er hatte eine Vision von einem anderen Land,
Doch die Wahrheit scheut der Mönch.

*Warum haben sie alles ins Gegenteil verkehrt?***
Warum dieses vergossene Blut?
Warum diese schrecklichen Gefühlswirbel?
Warum diese Welt ohne Mitgefühl und Liebe?

Alles steuert auf eine Erneuerung der Liebe und Demut zu.
Die Aufgabe aller Wesen ist es,
Zu lernen und
Das Gelernte in der Erinnerung zu behalten,
Wenn sie verkörpert sind.
Ich muß es auch lernen.

* Demnach würde Österreich noch als Kaiserreich in das dritte Jahrtausend gehen. Eine sehr merkwürdige Andeutung. Die einzige Erklärung wäre, daß es eine Reform des Kaiserreichs in Richtung konstitutionelle Monarchie gegeben hätte.

** Wir haben es hier mit einer Anklage zu tun. »Mönch« muß sich nicht unbedingt auf die Kirche beziehen. Alle, die einer Vereinigung angehören, könnten unter diesem Kürzel zusammengefaßt sein.

Was für ein Leben würdest du, wenn du die Wahl hättest, als nächste Inkarnation führen?

Körperliche Hilfe,
Geistigen Beistand,
Menschliche Wärme
Geben, geben, geben.

Dir, mit dem ich sprechen konnte, und
Denen, die von diesem Gespräch erfahren:
Licht und Liebe.

* * *

Es stellten sich Emotionen wie Stolz und Eigensinn ein. Vor meinem geistigen Auge sah ich das Bild eines trotzigen Kindes, das mir demonstrativ den Rücken zukehrt.
Ich beschloß deshalb zu versuchen, mit den geistigen Begleitern oder über sie mit der damaligen Sisi in Kontakt zu treten.
Dies gelang beim ersten Versuch, und ich spürte Verständnis, Zustimmung und innere Ruhe, auch wußte ich nun klar und deutlich, daß ich warten mußte. Geistige Helfer würden mir einen Kontakt ermöglichen.

Das vierte Channeling-Protokoll

Mehrere Tage später: Ich spüre Impulse und sehe vor meinem geistigen Auge wieder jenes Kind. Sein Gesicht ist mir zugewandt, aber seine Augen blicken irgendwo ins Leere. Noch ist es nicht bereit, von sich aus auf mich zuzugehen, deshalb entschließe ich mich, ihm Fragen zu stellen.

* * *

Ich spreche zu dir in Liebe und bitte dich, meine Fragen zu beantworten. Es soll den Menschen helfen. Willst du das tun?

Ja. Was willst du wissen?

Bist du Elisabeth, Amalie Eugenie, genannt Sisi?

Ich war es . . . damals.

Warum sehe ich dich in meinem Geist als Kind vor mir?

Sie sagen, daß dieses Bild
dem Stand der Entwicklung meiner Seele entspricht.
Bin ich ein schönes Kind?
Ich habe meinen Körper nicht mehr,
Ich vermisse ihn so.
Aber sie sagen, daß das, was ich jetzt bin,
wirklich ich bin.

Wer sind sie?

Meine Freunde,
Sie haben wunderschöne leuchtende Körper und
Verändern sie, wie sie wollen.
Du kannst sie nicht sehen,
Dein Körper ist schwer und dicht wie ein Stein.
Ihre Körper sind leicht wie ein Windhauch,
Und mein Körper wird auch so sein.

Kannst du mir sagen, warum du als Sisi auf der Erde – in einem dichten Körper – gelebt hast?

Ich wollte erwachsen werden,
Glücklich werden – wie meine Freunde.
Sie haben mich viele Leben lang begleitet
Und meine Entwicklung gefördert.
Nur was ich aus mir selbst heraus
Bewußt erkenne und entscheide,
Ist in Ewigkeit ein Teil von mir.

Es war aber so schwer,
Man sieht nichts mehr auf der Erde
Und denkt, man ist allein.
Ich glaubte, was ich sah
Und was man mir sagte.
Ich wollte lernen,
Mir eine eigene Meinung zu bilden,
Und vor allem diese auch leben.

Welche Personen warst du in früheren Leben auf der Erde?

Einmal,
*Nach dem Leben von Sisi,**
War ich in einem Land,
Das du Argentinien nennen würdest,
Und ich hatte nur meinen Körper,
Er war mein Kapital.
Damals habe ich viel erreicht,
So daß alle mich liebten und bewunderten.
Das war sehr schön,
Aber ich wußte,
Es war noch nicht vollkommen,
Nicht richtig,
Es hat etwas gefehlt.
Nach meinem Tod erkannte ich,
Daß die Menschen mich deshalb verehrten,
*Weil ich die Frau des Herrschers wurde***
Und weil ich zuvor arm war
Wie sie selbst.
Sie wünschten sich, reich zu sein
Und mächtig.
Alle sahen in mir ihren eigenen Wunschtraum.

Ich schenkte ihnen viel von meinem Reichtum,
Aber es hat ihnen nicht geholfen.

* Dies war eine der ganz großen Überraschungen beim Channeling von Sisi. Für das Team völlig unerwartet ist Sisi bereits wieder inkarniert gewesen!

** Hier wird eindeutig Evita Peron, die Frau des einstigen argentinischen Diktators, beschrieben.

Mein Körper wurde krank,
Und ich starb sehr bald an einer Krankheit,
Die von euch Krebs genannt wird.

Danke für diese Informationen. Würdest du mir erzählen, welche Leben du vor der Zeit, als du Sisi warst, gelebt hast?

Es waren viele Leben.
Ich nenne es Ausflüge
In die niedrigen
Und langsamen Frequenzen.

Ja, ich denke, daß die Schwingungen sehr
Niedrig waren, und einmal,
In einem barbarischen Land,
Wurde mir der Kopf abgeschlagen.
*Ich hatte gekämpft wie ein Mann,**
War aber eine Frau,
*Und das ließen die Männer nicht zu.***

Seit damals weiß ich, daß Kämpfen sinnlos ist
Und daß man dabei immer verliert.
Ich wollte wiederkommen und nicht um Freiheit kämpfen,
Sondern einfach leben,
Ohne Kampf.

* Diese Rückerinnerung an frühere Inkarnationen könnte der Grund für die wilden Reit- und Jagdausflüge von Sisi gewesen sein.

** Das PSI-Team konnte die Frage nicht klären, ob Sisi in einem Vorleben Johanna von Orleans gewesen ist. Offiziell ist die Jungfrau und jetzige Nationalheilige der Franzosen auf dem Scheiterhaufen verbrannt worden. Oder wurde ihr der Kopf abschlagen? Muß die Geschichte um Jeanne d'Arc überprüft werden? Wir meinen, ja!

Das geht aber nur dann,
Wenn man den inneren Kampf
Mit sich selbst auch beendet hat,
Sonst zieht man auf der Erde
Immer Situationen und Menschen an,
Die gegen dich kämpfen
Und über dich bestimmen wollen,
Auch dann, wenn du äußerlich nicht kämpfst.
Sie spiegeln den Kampf in deinem Innern.

Ganz herzlich möchte ich dir danken, das wird sicher vielen Menschen helfen, den inneren Kampf zu beenden. War dein Leben als Sisi solch ein Versuch, wie du ihn beschrieben hast?

Ja, das ist richtig.
Ein Versuch ... ja.
Den inneren Kampf hatte ich noch nicht beendet.
Ich kämpfte versteckt, indem ich rebellierte
Und mich nicht anpassen wollte.
Habe ich das, was heute »kalter Krieg« heißt, erfunden?
Nein, den gab es ja schon vorher,
Ich habe dieses Denken nur benutzt,
Um meinen Kampf zu tarnen.

Die Hexe, so habe ich sie immer genannt,
Die Mutter meines Mannes im Leben als Sisi,
War die eigentliche Herrscherin,
Damals in diesem Land.
Sie wußte alles,
Und keiner konnte ihr entkommen,
Ihre Rache war erbarmungslos,

Und niemand hat es gemerkt.
Alle dachten, es müßte so sein – es wäre normal.

Alles habe ich versucht,
Um von dieser Strenge loszukommen,
Lügen und Ausreden,
Heuchelei und Anpassung,
Ignoranz und Diplomatie.
Erst als es mir halbwegs gelungen war
Und ich immer stärker wurde,
Da war sie es, obwohl sie schon tot war,
Die mich durch eine Verfügung ermorden ließ,
Weil ich tat, was ich wollte,
Weil sie keine Macht mehr über mich hatten.*
Im Augenblick meines Todes schon wußte ich,
Sie war der Henker von damals,
Wir waren uns wieder begegnet.

Kannst du etwas zum Leben und zum Tod von Diana sagen?**

*Diana war meine Schwester,****
Damals, als wir noch kämpften.
Sie war immer nachgiebig,
Immer das Opfer
Und dennoch stark.

* Wir interpretieren dieses »sie« so, daß die damals anscheinend noch aktive Interessengruppe um die ehemalige Schwiegermutter und Tante Sophie gemeint ist.

** Diese Frage hatte das PSI-Team verabredet, weil wir unmittelbar vorher den Unfall von Lady Diana Spencer untersucht hatten.

*** Eine Schwesterseele?

Ich kann es nicht erklären.
Sie half mir damals,
In diesem europäischen Land,
Nicht wegen des Kampfes,
Sondern einfach, weil sie mir helfen wollte.
Das war und das ist das Typische an ihr.
Sie hat mich damals in den Tod begleitet,
Und ich habe lange darüber nachgedacht,
Ob es Opferhaltung oder Liebe ist.

Noch im Tod war ein Lächeln auf ihren Lippen,
Und sie hat dem Henker von damals
Noch vor der Hinrichtung verziehen
Und für ihn gebetet.

Und dennoch hatte sie in dem Leben als Diana
Auch eine Schwiegermutter,
*Die sie zwar nicht bekämpfte oder umbringen ließ,**
Die aber keine Liebe für Diana hatte.

Wir wissen, daß wir uns in Körpern wiedersehen werden.
Unsere Entwicklung erfordert
Für jeden von uns getrennte Wege.
Diana wurde geboren,
Als ich schon wieder auf der Erde gewesen war.
Sie kam, um in Millionen von Seelen
Gefühle zu wecken,

* Damit bestätigt sich hier, was wir schon im Buch über Diana vermerkt haben, daß die englische Königin nicht hinter einem möglichen Anschlag auf Diana stand.

Die verschüttet waren,
Und auch, um frischen Wind in alte Strukturen zu tragen.
Das hat zur Zeit noch niemand bemerkt.
Die Veränderung steht noch bevor.

Viele Menschen spüren beim Gedanken an die »tote« Diana
Ein Gefühl der Transzendenz.
Es ist die Straße zu unserem Heimweg,
Menschen, die niemals daran dachten,
Beschäftigen sich nun plötzlich
Mit dem Leben nach dem Tod.

Es war kein Mord,
und es gibt keine Mörder,
*der Henker von damals hat geschwiegen.**

Es war an der Zeit und so bestimmt,
Ihre Aufgabe war erfüllt.
Auch ich wollte damals frischen Wind in alte Strukturen bringen.
Sisi hat versagt,
Der Henker hat sie eingeholt.

Im Namen aller Menschen danke ich dir und möchte dich bitten, mir zu einem späteren Zeitpunkt noch einige Fragen zu beantworten.

* Eine sehr klare Aussage, die übrigens wiederum mit einem Henker verkettet ist.

Das fünfte Channeling-Protokoll

Ich fühlte mich damals allein und
Wollte ihr alles heimzahlen.*
Sie hatte unsere Liebe zerstört
Und Franz ... er hatte es zugelassen.

Ich hatte einen Traum und hörte
(Es waren meine Freunde im geistigen Bereich)
Eine Stimme, die mir sagte,
Ich solle ablassen von meinem Haß
Und Verzeihung üben,
Denn darin liege die Freiheit.
Ich sei deshalb in dieser Situation,
Um verzeihen zu lernen,
Und es werde mir helfen,
Mich selbst mehr zu achten und zu lieben.
Ich sei dann nicht mehr auf die Liebe anderer angewiesen,
Um Glück zu empfinden,
Es komme von selbst,
Auch von außen auf mich zu,
Wenn ich mein Inneres ändern würde.

Der Traum beschäftigte mich lange,
Und ich habe versucht
Nur noch an mich zu denken.
Es war schwer, und heute weiß ich,
Daß ich nicht verstanden hatte,

* Offenbar geht es abermals um die Schwiegermutter.

Was mit dem Inneren gemeint war,
Denn ich lebte zu sehr im Außen,
Und ich wollte sie damit treffen.*
Heute weiß ich,
Daß ich damals einfach noch nicht verzeihen konnte.

Was kannst du mir noch über Franz Joseph sagen?

Er hat mich kurze Zeit geliebt,
Und es war eine schöne Zeit.
Ohne seine Krone,
Ohne sein Volk und vor allem
Ohne seine Mutter
Hätten wir eine Chance gehabt.

Es gab für ihn nur ein Ziel:
Kaiser zu sein.
Es war das Ziel seiner Mutter,
Er wußte es nicht, er dachte, es wäre sein eigenes.

Er hat von mir erwartet,
Daß ich alles tue,
Um es der kaiserlichen Familie recht zu machen.
Ein goldener Käfig,
Es war für ihn keine Frage,
Daß dies das höchste Ziel für mich darstellen sollte.

* Wir vermuten, daß mit diesem »sie« erneut sowohl die Schwiegermutter als auch später eine bestimmte Interessengruppe am Hof gemeint ist.

Alle Versuche, mich zu erklären,
Stießen auf Unverständnis,
Und ich gab es einfach auf.

Ich habe ihm verziehen,
Und möge er auch mir verzeihen.

Danke für deine offenen Worte. Bitte teile mir mit, wie dein Sohn gestorben ist.

Schmerz und Trauer,
Er war ein guter Junge,
Aber zu schwach für »sie«.
Als Kind war er schon immer traurig,
Und man hat ihn gezwungen, das zu sein,
Was er nicht war.
Er wollte sein kurzes Leben lang das alles nicht.

Aber er mußte sich strengen Regeln unterwerfen.
Keiner durfte ein wirklicher Freund ihm sein,
Und sobald er einen hatte,
An den er sich enger anschloß,
Wurde dieser entfernt.
Die Ärzte sagten, er sei schwermütig,
Und es sei nötig, ihn ständig zu beobachten.
So hatten »sie« ihn unter Kontrolle.

Ich höre noch immer die aufgeregten Stimmen,
Der Schock, der in ihre Glieder fuhr,
Als man ihn brachte.

Mir schien es, als ob er lächle.
Da wußte ich, daß er freiwillig gegangen war.

*Ich hatte in Wahrheit nur ein Kind,**
Nur ein Kind, das ich selbst gewollt
Und auch bekam.
Es war meines,
Und keiner würde es mir wegnehmen.
Dafür wollte ich sorgen.

Es war ein Kind der Liebe,
Und ich wollte auch den Vater meines Kindes
Für immer bei mir wissen.
Es wurde verhindert,
Er verschwand über Nacht.
Man hatte ihm viel Geld geboten,
Und er hatte es angenommen
Und war als reicher Mann ins Ausland gegangen.
Damals konnte ich es noch nicht verstehen,
Aber es war für ihn besser so.

Es blieb mir nur mein Kind,
Ich war bereit, wie ein Löwe zu kämpfen,
Und vertraute von nun an niemandem mehr.
*Ich war meinem Kind eine gute Mutter!***

* Ihre jüngste Tochter.
** Sisi scheint darunter gelitten zu haben, daß man sie für eine schlechte Mutter hielt.

Für die klaren Antworten danke ich dir. Hast du eine Botschaft für die Menschen, die heute auf der Erde leben?

Nun, ich … Es ist die Zeit der Wandlung.
Sag ihnen, sie haben es jetzt leicht, bewußt zu werden.
Es gibt für sie soviel Freiheit,
Und in jedem Augenblick kommt mehr dazu.
Sie sollen das, was sie sehen und hören,
Nicht als einzige Wahrheit annehmen,
Sondern erkennen, daß es tausendmal mehr gibt als nur ein Leben.

Das, was die Mächtigen der Erde sagen,
Ist nur ein winziger Teil der Wahrheit,
Und auch die Kirchen verschweigen euch
Die wirklich wichtigen Dinge.

Was ist die Wahrheit?

Die Wahrheit ist, daß jeder Mensch ewig lebt
Und die Angst vor dem Tod künstlich
Durch das Verschweigen der Wahrheit erzeugt wurde.

Es gibt gar keinen Tod,
Das ist die erste große Illusion
Und eine der tiefsitzenden Ängste.

Geht über diese Illusion hinaus,
Ihr legt nur euren dichten Körper ab,
Eure Seele schwingt in der Frequenz der Ewigkeit,
Ihr habt es nur vergessen.

Es stirbt nichts,
Keine Pflanze, kein Tier, kein Mensch – nichts!
Alles ändert lediglich seine Daseinsform.
Die Pflanze, die verwelkt, verschwindet nicht,
Sondern wird wieder zu Erde, und daraus wächst
eine neue Pflanze.
Eure vermeintlich Toten leben,
Ihr begegnet ihnen immer wieder
Nur in anderen Kostümen,
So wie ich meinem Henker aus einem früheren Leben
begegnet bin.

All das wißt ihr aber tief im Inneren.
Zu der Zeit, als ich Sisi war,
War es noch schwer zu erwachen.
Das wahre Wissen wurde von wenigen geheim gehalten.
Man mußte mühevoll suchen,
Um auch nur ein kleines bißchen der Wahrheit zu erhaschen.
Dies ist nun anders,
Denn alles auf der Erde wird leichter
Und erhöht seine Frequenz.
Macht mit, und die Wahrheit ist euch gewiß.*

Viele Seelen haben inzwischen die Wahrheit erkannt
Oder erahnen sie zumindest.
Und viele Seelen (oft auch Engel genannt)
Kommen in voller Absicht in einem dichten Körper zur Erde,
Um den unbewußten Menschen beim Erkennen der Wahrheit
zu helfen.

* D. h., versperrt euch nicht dagegen, die Frequenz zu erhöhen.

So wie ich einst zur Erde kam, um Freiheit zu bringen,
Dies war die Zeit dafür,
Bringen diese Seelen heute Wahrheit und Bewußtheit,
Denn dies ist jetzt die Zeit dafür.
Und sie haben keine Flügel, diese Engel,
Sie sind wir,
Sie sind du und ich.

Ein Leben im »Innern« werdet ihr leben – auf der Erde.
Das Äußere habe ich erfahren,
Und die Grenzen sind eng.
Das »Innere« ist ewig und grenzenlos.
Ich habe mich entschlossen,
Ein Gleichgewicht in meiner Seele herzustellen,
Innere Werte zu leben
Und ganz auf äußere Werte zu verzichten
– und alles ist gut.

Meine Botschaft lautet:
Bleibt innerlich frei
Und laßt euch keine Werte aufzwingen,
Nur weil andere diese für richtig halten.
Akzeptiert die Meinung anderer Menschen,
Und hört auf, gegen Windmühlen zu kämpfen.
So viele Daseinsformen gibt es, und
So viele Sichtweisen gibt es, und
Alles strebt zum Licht.

Das ist wunderschön, und ich danke dir von ganzem Herzen.

Anhang: Horoskope und Astrodaten

✧

Im folgenden erhalten Kenner der astrologischen Kunst, aber auch interessierte Laien einen Einblick in das astrologische Material, auf dem unsere Analyse basiert.

Redaktionelle Anmerkung

Für die deutsche Ausgabe dieses Werkes wurden die Geburtsdaten mit Hilfe eines deutschsprachigen Astroprogramms nochmals berechnet. Die Planetenstellungen entsprechen denen im amerikanischen Original. Dem Leser wird auf diese Weise die sehr komplizierte Übersetzung der US-amerikanischen Astrozeichen in die hierzulande üblichen Symbole und Kürzel erspart.

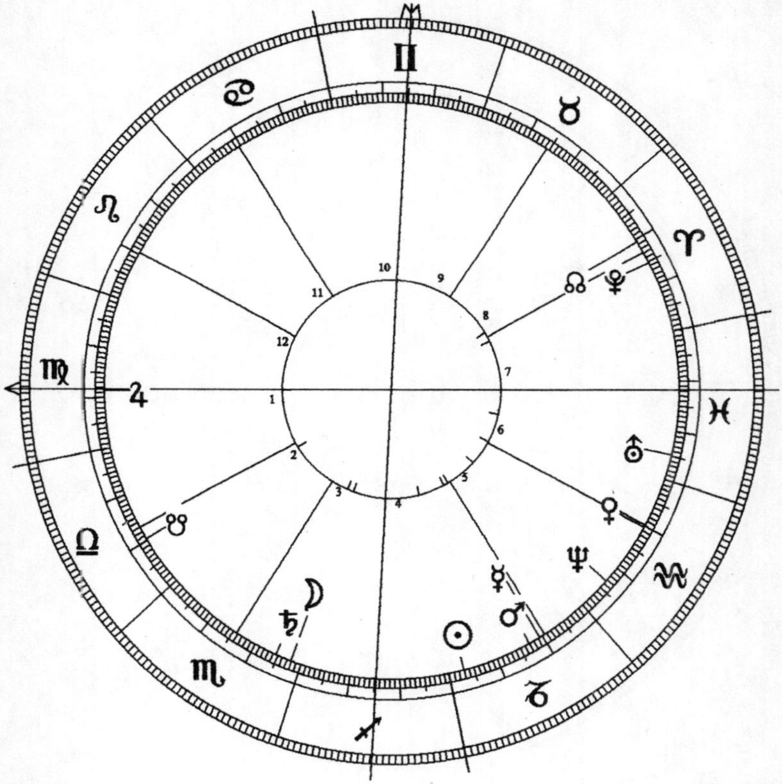

			☉	☽	☿	♀	♂	♃	♄	♅	♆	♇	☊
02°58.47	♑	☉	.	.	.	.	.	.	.	.	.	.	.
27°50.44	♏	☽	—	.	.	.	.	.	.	.	.	.	.
19°21.22	♑	☿	—	—	.	.	.	.	.	.	.	.	.
20°15.06	♒	♀	∟	—	⚺	.	.	.	.	.	.	.	.
16°58.08	♑	♂	—	—	☌	—	.	.	.	.	.	.	.
18°40.06	♍	♃	—	—	△	⚻	△	.	.	.	.	.	.
24°32.57	♏	♄	N	☌	—	□	—	—	.	.	.	.	.
05°16.10	♓	♅	⚹	—	∟	—	—	—	—	.	.	.	.
06°42.04	♒	♆	—	—	—	—	—	—	Q	⚺	.	.	.
14°41.00r	♈	♇	—	Q̲	□	—	□	—	—	N	—	.	.
19°36.08	♈	☊	—	—	□	⚹	□	⚻	bQ	∟	Q	☌	.
19°36.08	♎	☋	Q	N	□	△	□	⚺	—	Q̲	—	☍	☍

☉	☽	☿	♀	♂	♃	♄	♅	♆	♇	☊			
—	—	△	⚻	△	☌	—	—	—	—	⚻	1	18°16.53	♍
Bi	N	□	△	□	⚺	—	—	—	☍	☍	2	17°04.28	♎
∟	—	—	□	⚹	—	—	—	—	⚻	—	3	15°39.00	♏
—	—	—	—	⚺	□	—	—	—	△	△	4	15°17.36	♐
—	—	☌	⚺	☌	△	—	∟	—	—	□	5	20°30.10	♑
∟	—	⚺	☌	—	⚻	□	—	—	—	⚹	6	19°40.25	♒
Bi	—	⚹	⚺	⚹	☍	—	—	N	—	⚺	7	18°16.53	♓
—	—	□	—	□	⚻	bQ	N	Q	☌	☌	8	17°04.28	♈
Q̲	—	△	□	△	△	—	Q	—	⚺	—	9	15°39.00	♉
—	—	bQ	△	⚻	□	—	—	—	⚹	—	10	15°17.36	♊
—	—	☍	⚻	☍	⚹	△	Q̲	—	—	□	11	20°30.10	♋
Q̲	—	⚻	☍	—	⚺	□	—	—	△	△	12	19°40.25	♌

Abbildung 1:
Geburtshoroskop von Kaiserin Elisabeth (* 24. 12. 1837)

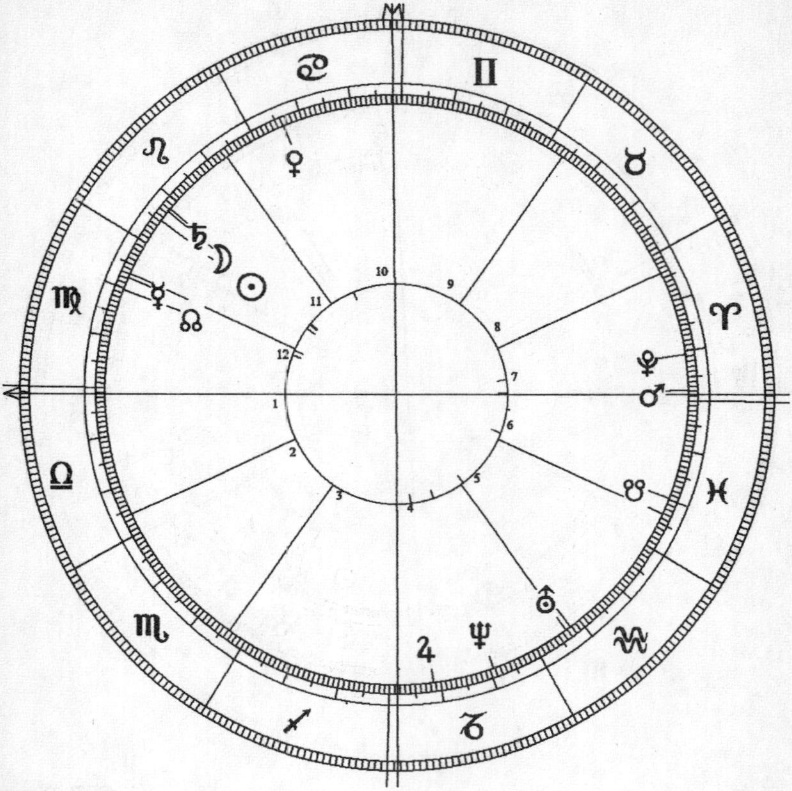

			☉	☽	☿	♀	♂	♃	♄	♅	♆	♇	☊
24°47.27	♌	☉	.	.	.	.	.	.	.	.	.	.	.
22°30.46	♌	☽	☌	.	.	.	.	.	.	.	.	.	.
07°41.54	♍	☿	—	—	.	.	.	.	.	.	.	.	.
23°49.52	♋	♀	⚺	⚺	∟	.	.	.	.	.	.	.	.
02°04.10	♈	♂	bQ	—	—	—	.	.	.	.	.	.	.
08°33.44r	♑	♃	⚼	⚼	△	—	—	.	.	.	.	.	.
21°50.29	♌	♄	☌	☌	—	⚺	—	⚼	.	.	.	.	.
07°46.49r	♒	♅	—	—	⚻	—	—	⚺	—	.	.	.	.
20°40.43r	♑	♆	bQ	⚻	⚼	☍	Q	—	⚻	—	.	.	.
09°20.48r	♈	♇	⚼	⚼	⚻	—	—	□	⚼	✶	—	.	.
10°17.25	♍	☊	—	—	☌	∟	—	△	—	—	—	⚻	.
10°17.25	♓	☋	—	—	☍	⚼	—	✶	—	—	—	⚺	☍

☉	☽	☿	♀	♂	♃	♄	♅	♆	♇	☊			
—	N	—	—	☍	—	N	—	—	—	—	1	01°16.16	♎
✶	—	—	□	—	Q	—	—	—	—	∟	2	25°59.43	♎
□	□	—	△	—	∟	□	Q	—	⚼	R	3	26°20.10	♏
—	—	—	—	□	—	—	—	—	—	—	4	01°35.21	♑
—	—	⚻	—	—	⚺	—	☌	—	✶	—	5	06°42.51	♒
—	—	☍	⚼	—	✶	—	⚺	∟	—	☍	6	06°49.19	♓
bQ	—	—	—	☌	—	—	—	Q	—	—	7	01°16.16	♈
△	△	—	□	—	—	△	—	—	—	⚼	8	25°59.43	♈
□	□	—	✶	—	⚼	□	—	—	∟	—	9	26°20.10	♉
—	—	—	—	□	—	—	bQ	—	—	—	10	01°35.21	♋
—	—	⚺	—	△	⚻	—	☍	—	△	—	11	06°42.51	♌
—	—	☌	∟	—	△	—	⚻	⚼	—	☌	12	06°49.19	♍

Abbildung 2:
Geburtshoroskop von Kaiser Franz Joseph I. (* 18. 8. 1830)

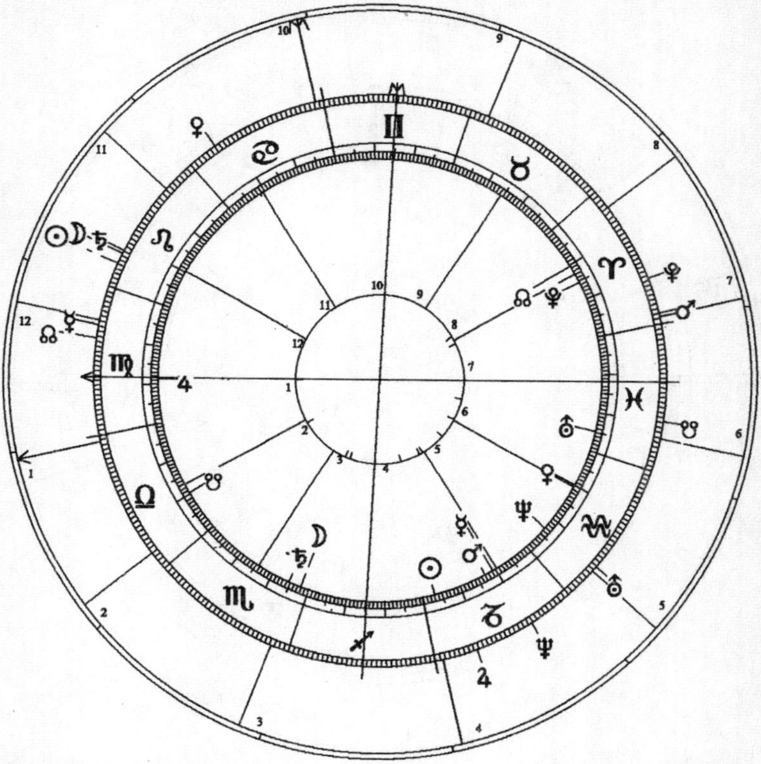

02°58.47	♑	☉	.	.	.	.	.	.	.	.	.	.	.
27°50.44	♏	☽	—	.	.	.	.	.	.	.	.	.	.
19°21.22	♑	☿	—	—	.	.	.	.	.	.	.	.	.
20°15.06	♒	♀	∟	—	⚺	.	.	.	.	.	.	.	.
16°58.08	♑	♂	—	—	☌	—	.	.	.	.	.	.	.
18°40.06	♍	♃	—	—	△	⚻	△	.	.	.	.	.	.
24°32.57	♏	♄	N	☌	—	□	—	—	.	.	.	.	.
05°16.10	♓	♅	⚹	—	∟	—	—	—	—	.	.	.	.
06°42.04	♒	♆	—	—	—	—	—	—	Q	⚺	.	.	.
14°41.00r	♈	♇	—	⚼	□	—	□	—	—	N	—	.	.
19°36.08	♈	☊	—	—	□	⚹	□	⚻	bQ	∟	Q	☌	.
19°36.08	♎	☋	Q	N	□	△	□	⚺	—	⚼	—	☍	☍
			☉	☽	☿	♀	♂	♃	♄	♅	♆	♇	☊

.	.	.	.	.	.	.	.	.	.	.	☉	24°47.27	♌
☌	.	.	.	.	.	.	.	.	.	.	☽	22°30.46	♌
—	—	.	.	.	.	.	.	.	.	.	☿	07°41.54	♍
⚺	⚺	∟	.	.	.	.	.	.	.	.	♀	23°49.52	♋
bQ	—	—	—	.	.	.	.	.	.	.	♂	02°04.10	♈
⚼	⚼	△	—	—	.	.	.	.	.	.	♃	08°33.44r	♑
☌	☌	—	⚺	—	⚼	.	.	.	.	.	♄	21°50.29	♌
—	—	⚻	—	—	⚺	—	.	.	.	.	♅	07°46.49r	♒
bQ	⚻	⚼	☍	Q	—	⚻	—	.	.	.	♆	20°40.43r	♑
⚼	⚼	⚻	—	—	□	⚼	⚹	—	.	.	♇	09°20.48r	♈
—	—	☌	∟	—	△	—	—	—	⚻	.	☊	10°17.25	♍
—	—	☍	⚼	—	⚹	—	—	—	⚺	☍	☋	10°17.25	♓
☉	☽	☿	♀	♂	♃	♄	♅	♆	♇	·☊			

Abbildung 3:
Vergleich der Geburtshoroskope des Kaiserpaars

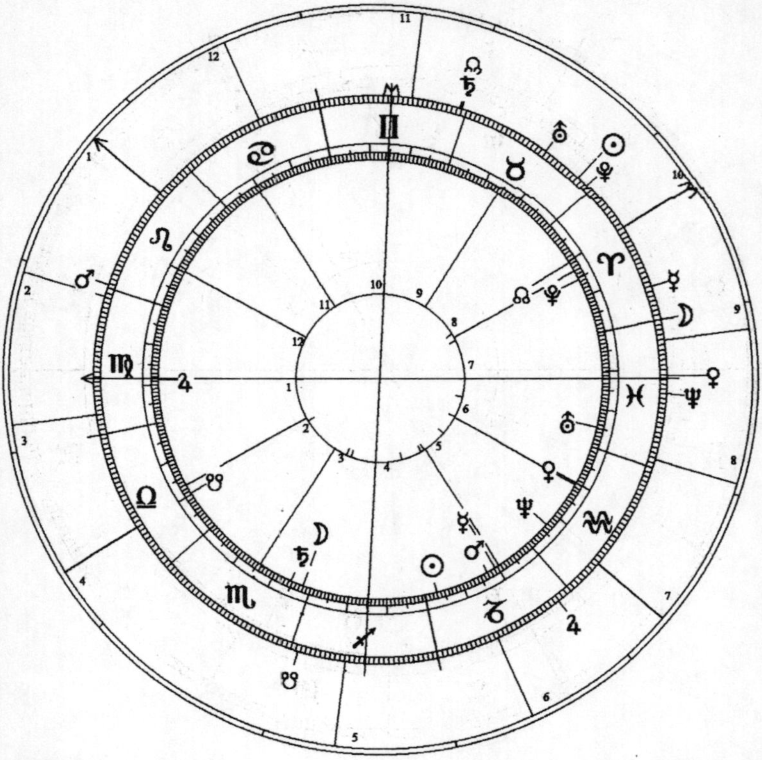

02°58.47	♑	☉	.	.	.	.	.	.	.	.	.	.	.
27°50.44	♏	☽	—	.	.	.	.	.	.	.	.	.	.
19°21.22	♑	☿	—	—	.	.	.	.	.	.	.	.	.
20°15.06	♒	♀	∠	—	⚺	.	.	.	.	.	.	.	.
16°58.08	♑	♂	—	—	☌	—	.	.	.	.	.	.	.
18°40.06	♍	♃	—	—	△	⚻	△	.	.	.	.	.	.
24°32.57	♏	♄	N	☌	—	□	—	—	.	.	.	.	.
05°16.10	♓	♅	⚹	—	∠	—	—	—	—	.	.	.	.
06°42.04	♒	♆	—	—	—	—	—	—	Q	⚺	.	.	.
14°41.00r	♈	♇	—	Q	□	—	□	—	—	N	—	.	.
19°36.08	♈	☊	—	—	□	⚹	□	⚻	BQ	∠	Q	☌	.
19°36.08	♎	☋	Q	N	□	△	□	⚺	—	Q	—	☍	☍
			☉	☽	☿	♀	♂	♃	♄	♅	♆	♇	☊

.	.	.	.	.	.	.	.	.	.	.	☉	03°53.26	♉
—	.	.	.	.	.	.	.	.	.	.	☽	29°55.53	♓
—	—	.	.	.	.	.	.	.	.	.	☿	06°51.07	♈
∠	—	—	.	.	.	.	.	.	.	.	♀	18°48.47	♓
△	⚻	BQ	—	.	.	.	.	.	.	.	♂	29°22.06	♌
—	—	Q	—	—	.	.	.	.	.	.	♃	26°50.04	♑
—	⚹	—	Q	□	△	.	.	.	.	.	♄	01°03.48	♊
—	∠	—	—	—	—	—	.	.	.	.	♅	12°08.24	♉
—	—	—	☌	—	—	⚼	⚹	.	.	.	♆	14°58.56	♓
☌	⚺	—	∠	△	□	⚺	—	∠	.	.	♇	01°27.19	♉
—	⚹	—	Q	□	△	☌	—	⚼	⚺	.	☊	01°29.07	♊
—	△	—	—	□	—	☍	—	—	⚻	☍	☋	01°29.07	♐
☉	☽	☿	♀	♂	♃	♄	♅	♆	♇	☊			

Abbildung 4:
Das Hochzeitshoroskop von Kaiserin Elisabeth (24. 4. 1854)

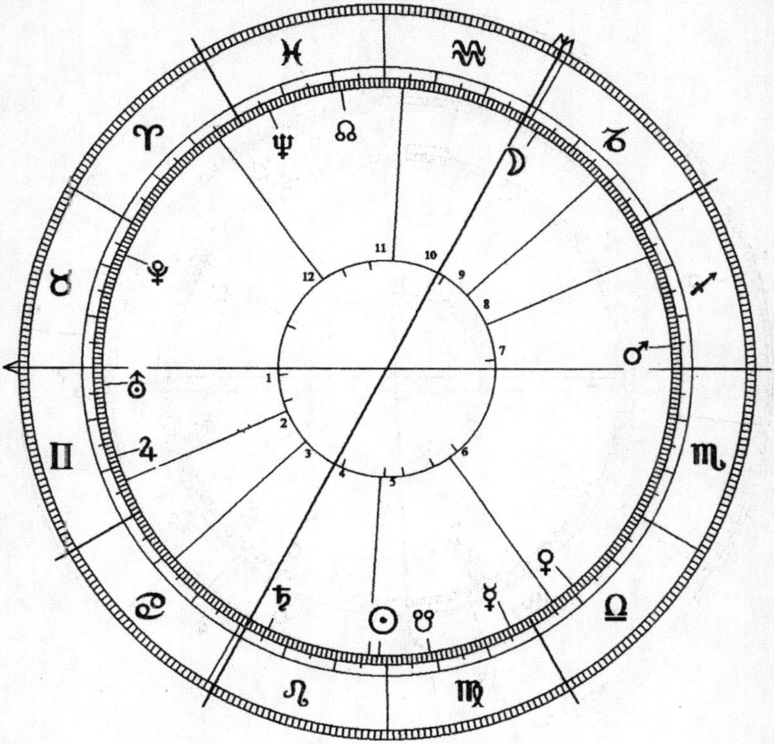

28°27.27	♌	☉	.	.	.	.	.	.	.	.	.	.	.
27°41.27	♑	☽	⚻	.	.	.	.	.	.	.	.	.	.
25°38.58	♍	☿	—	△	.	.	.	.	.	.	.	.	.
10°41.55	♎	♀	∠	—	—	.	.	.	.	.	.	.	.
04°30.15	♐	♂	—	—	—	—	.	.	.	.	.	.	.
17°55.50	♊	♃	Q	—	—	—	—	.	.	.	.	.	.
05°19.40	♌	♄	—	—	—	—	△	∠	.	.	.	.	.
03°25.22	♊	♅	□	—	—	—	☍	—	✶	.	.	.	.
23°55.46r	♓	♆	—	—	☍	—	—	—	—	—	.	.	.
06°30.43r	♉	♇	—	—	—	—	—	N	□	—	∠	.	.
08°42.39	♓	☊	—	N	—	⚻	□	—	—	—	—	✶	.
08°42.39	♍	☋	—	—	—	⚺	□	—	—	—	—	△	☍
			☉	☽	☿	♀	♂	♃	♄	♅	♆	♇	☊

□	△	△	—	☍	—	—	☌	—	—	—	1	29°54.10	♉
—	bQ	□	—	—	☌	∠	—	□	∠	—	2	23°16.13	♊
∠	—	Q	□	bQ	—	—	N	—	—	△	3	11°51.25	♋
—	☍	—	—	△	∠	☌	✶	—	—	bQ	4	01°14.30	♌
☌	⚻	⚺	∠	—	—	—	—	—	—	—	5	26°20.21	♌
—	—	—	☌	✶	—	✶	△	—	⚻	—	6	05°34.30	♎
□	✶	—	—	☌	—	—	☍	—	—	—	7	29°54.10	♏
—	—	□	Q	—	☍	⚼	—	□	⚼	R	8	23°16.13	♐
⚼	—	—	□	—	—	—	—	Q	—	—	9	11°51.25	♑
—	☌	—	—	—	⚼	☍	△	—	—	—	10	01°14.30	♒
☍	⚺	⚻	⚼	—	—	—	—	—	Q	—	11	26°20.21	♒
bQ	—	—	☍	△	Q	△	✶	—	⚺	—	12	05°34.30	♈
☉	☽	☿	♀	♂	♃	♄	♅	♆	♇	☊			

Abbildung 5:
Das Geburtshoroskop des ermordeten Thronfolgers,
Erzherzog Rudolf (* 21. 8. 1858)

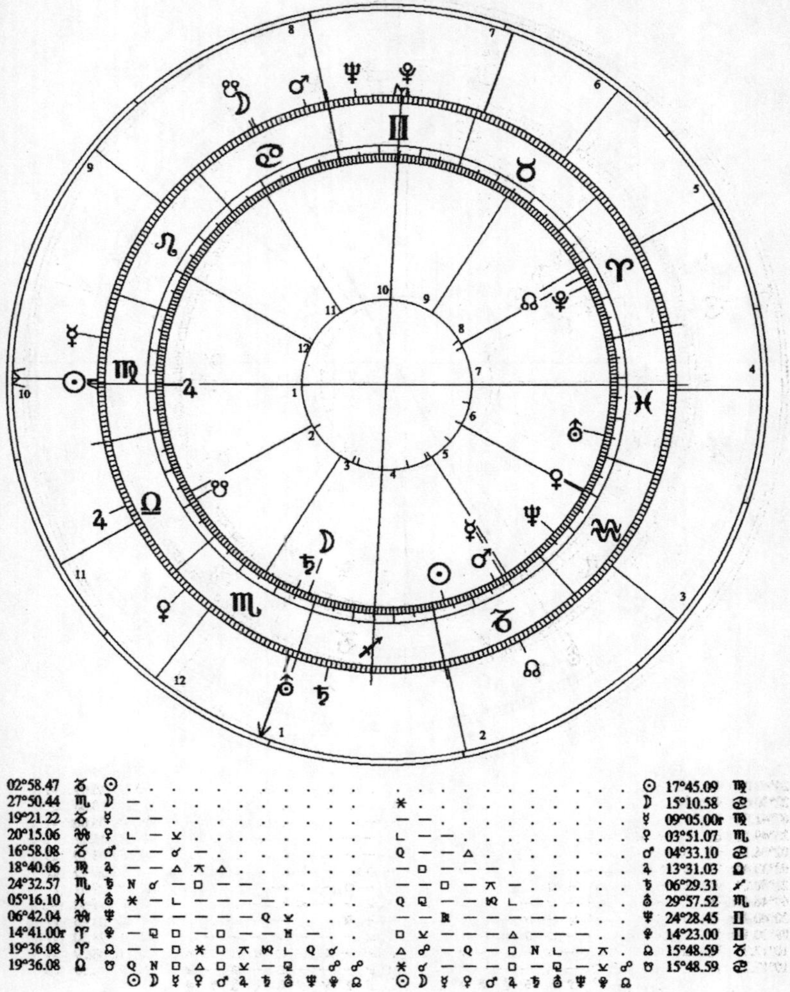

Abbildung 6:
Sisis Horoskop am 10. 9. 1898, dem Tag des Attentats

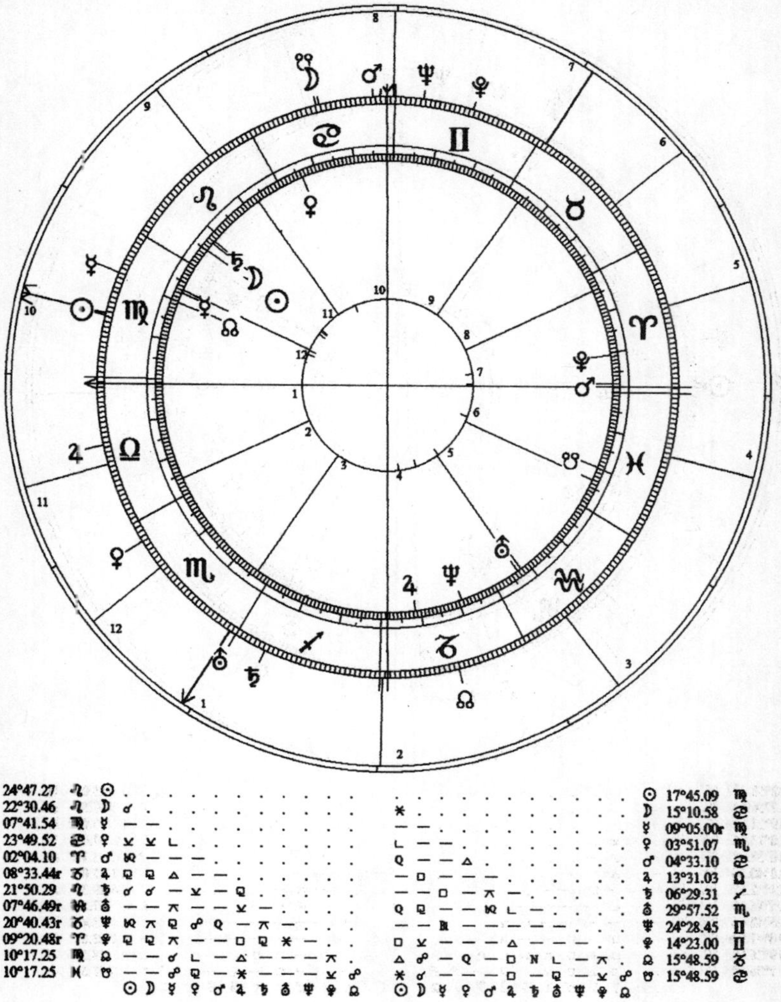

Abbildung 7:
Franz Josephs Horoskop am Tag des Attentats auf Sisi
(10. 9. 1898)

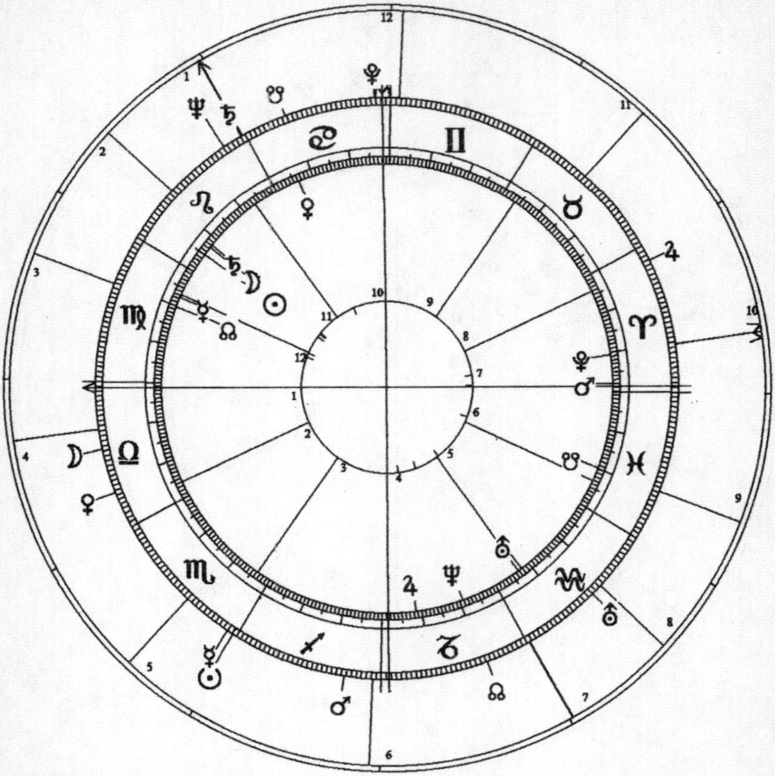

24°47.27	♌	☉	.	.	.	.	.	.	.	.	.	.	.	.	.	.	.	.	.	.	.	.	.	.	☉	29°10.56 ♏
22°30.46	♌	☽	☌	.	.	.	.	.	.	.	.	.	.	∠	.	.	.	.	.	.	.	.	.	.	☽	13°39.47 ♎
07°41.54	♍	☿	—	—	.	.	.	.	.	.	.	.	.	☌	∠	.	.	.	.	.	.	.	.	.	☿	27°54.27 ♏
23°49.52	♋	♀	⊻	⊻	∠	.	.	.	.	.	.	.	.	—	—	—	.	.	.	.	.	.	.	.	♀	22°28.51 ♎
02°04.10	♈	♂	bQ	—	—	—	.	.	.	.	.	.	.	—	—	—	⚹	.	.	.	.	.	.	.	♂	22°32.27 ♐
08°33.44r	♑	♃	⚼	⚼	△	—	—	.	.	.	.	.	.	—	—	⚻	☍	△	.	.	.	.	.	.	♃	26°48.53r ♈
21°50.29	♌	♄	☌	☌	—	⊻	—	⚼	.	.	.	.	.	△	Q	△	—	bQ	□	.	.	.	.	.	♄	00°32.19r ♌
07°46.49r	♒	♅	—	—	⚻	—	—	⊻	—	.	.	.	.	R	△	—	—	—	Q	—	.	.	.	.	♅	16°04.02 ♒
20°40.43r	♑	♆	bQ	⚻	⚼	☍	Q	—	⚻	—	.	.	.	—	—	—	—	⚼	—	☌	—	.	.	.	♆	04°46.27r ♌
09°20.48r	♈	♇	⚼	⚼	⚻	—	—	□	⚼	⚹	—	.	.	bQ	—	bQ	—	—	—	—	⚼	⊻	.	.	♇	03°14.47r ♋
10°17.25	♍	☊	—	—	☌	∠	—	△	—	—	—	⚻	.	—	—	—	□	⊻	—	—	—	—	—	.	☊	21°17.53 ♑
10°17.25	♓	☋	—	—	☍	⚼	—	⚹	—	—	—	⊻	☍	—	—	—	□	⚻	—	—	—	—	—	☍	☋	21°17.53 ♋
			☉	☽	☿	♀	♂	♃	♄	♅	♆	♇	☊	☉	☽	☿	♀	♂	♃	♄	♅	♆	♇	☊		

Abbildung 8:
Das Horoskop des Kaisers an seinem Todestag, dem 21. 11. 1916